生死博弈

二战核心战役的战略决策

坚果熊 —— 著

台海出版社

图书在版编目（CIP）数据

生死博弈：二战核心战役的战略决策 / 坚果熊著
. -- 北京：台海出版社，2024.1
　ISBN 978-7-5168-3794-8

　Ⅰ.①生… Ⅱ.①坚… Ⅲ.①第二次世界大战战役—
军事战略—决策学 Ⅳ.① E195.2

　中国国家版本馆 CIP 数据核字 (2024) 第 030923 号

生死博弈：二战核心战役的战略决策

著　　者：坚果熊

出 版 人：蔡　旭　　　　　　　　版式设计：知腾文化
责任编辑：员晓博　　　　　　　　封面设计：出壳设计

出版发行：台海出版社
地　　址：北京市东城区景山东街 20 号　　邮政编码：100009
电　　话：010-64041652（发行，邮购）
传　　真：010-84045799（总编室）
网　　址：www.taimeng.org.cn/thcbs/default.htm
E-mail：thcbs@126.com

经　　销：全国各地新华书店
印　　刷：崇阳文昌印务股份有限公司
本书如有破损、缺页、装订错误，请与本社联系调换

开　　本：710 毫米 ×1000 毫米　　　　1/16
字　　数：197 千字　　　　　　　　　印　　张：15.75
版　　次：2024 年 1 月第 1 版　　　　印　　次：2024 年 1 月第 1 次印刷
书　　号：ISBN 978-7-5168-3794-8

定　　价：58.80 元

PREFACE 前言

  《生死博弈》系列的第一篇作品《绝命中途岛》是 2020 年 10 月在"B 站"（哔哩哔哩）上线的，到现在已经累计有 34 篇作品了，全网总播放量已经超过了 3 亿次。这些作品涉及 20 世纪 30 年代至 50 年代的各个战场，有二战的东线和西线，也有抗日战争、解放战争、抗美援朝等。

  最开始做这个系列作品时，我其实并没想到后来会做那么多。看了一些关于中途岛战役的资料后，我发现原来任何一场我们耳熟能详的战役，根本没有大家以为的那么简单。南云忠一在中途岛战役中其实要作出非常复杂的决策，面对当时的情况，若不使用上帝视角的话，换作任何人都会非常难以处理。于是，我根据所了解的有关中途岛战役的历史细节，融合自己的理解，深入剖析，便有了那个 19 分钟的长视频。为了解释南云忠一的决策过程，我引用了行为经济学中的"损失厌恶"原理，以及概率学中的"期望值"概念，甚至还引用了项目管理中的甘特图，把这些当代的博弈原理带入一场战役，这在我之前在网上看到的视频中从未见过。作品的效果出奇的好，抖音上的播放量瞬间冲到了 600 多万次，"B 站"上的播放量超过了 100 万，从此就一发不可收。这两年，我的作品带着大家感受过伦敦上空黑云压城的恐怖，体验过伏尔加格勒（斯大林格勒）废墟中你死我活的残酷，领略过普罗霍洛夫卡的郊外向死而生的悲壮，体会过中途岛战役中决胜 5 分钟的大快人心，也见证过苏联红旗插上柏林国会大厦的豪情万丈。每一场战役，都是一段奇妙的旅程，它们就躺在历史的某个角落，等待着我们的激情探索。

在本书中，我把所有二战系列的视频文稿结集成册。二战中最出名、最经典的几场战役，如不列颠战役、斯大林格勒战役、中途岛战役、库尔斯克战役、诺曼底登陆、柏林战役等，都被收入囊中。我会用幽默生动的方式，还原当年那一场场战役的全貌，而且我会站在决策者的视角，而不是以一种高高在上的"想当然"的方式来记录历史，我想这也是本书最大的特色所在。

本书的文字保留了视频文稿的精髓，只是有一些进行了书面化处理。唯一的遗憾是，粉丝们听不见我在视频中多次模拟的希特勒和斯大林的声音了。如果大家想听的话，可以去关注我的"B 站"和抖音账号，ID 都是坚果熊说博弈。

朋友们，和我一起，开始这段奇妙又震撼的旅程吧。

CONTENTS 目 录

第一章

强袭法兰西

1940 年法国战役

　　阿道夫·希特勒宣布进攻法国是在 1939 年 9 月 27 日的一次内部会议上。当时德军刚刚拿下波兰，速度之快连德军自己都没想到，整个世界也为之震惊。不可一世的希特勒要求全体德军向后转，立刻前往西线，准备进攻法国。陆军总司令瓦尔特·冯·布劳希奇和总参谋长弗朗茨·哈尔德对此感到不可思议。

　　"当前我们只有 98 个师，兵力远低于英法比荷联军，"他们告诉希特勒，"至少得准备到 1942 年年初，才可以进攻西线。"

　　希特勒一听就猛地摇头，说："两年实在太久了。如果你们觉得事发突然，那就把时间稍微压缩一下，两个月之内搞定吧！"说完他也不由手下申辩，把进攻法国的时间直接定在了 11 月 12 日。

　　布劳希奇和哈尔德听完暗暗叫苦。

　　作为一个老牌帝国，法国什么大风大浪没见过。虽然法国当时日渐式微，但其实力也不是波兰、挪威、丹麦这些国家可比的。何况它现在又和另一个老牌帝国英国联合，抱团取暖。我们可以先来看一下这个时期英法联军的防守情况。简单地说，他们的防守策略有两种：北边堆人肉，南边竖墙头。

先说"南边竖墙头"，这里的"墙头"就是著名的马其诺防线，这个防线在当时可是一个具有"黑科技"的建筑。它有很多碉堡，从外表看这些碉堡很普通，但其实它是"活"的。在向敌人疯狂扫射之后，士兵可以缩头钻地，"沉浸式"换子弹，换好子弹后再伸出头进行扫射。换句话说，只能他打你，你打不中他，这绝对是"人见人怕，鬼见鬼愁"。

在马其诺防线内部，炮弹、子弹基本上实现了全自动传送、开火。此外，还有地铁，士兵随时可以进行法国南部地下游。到1940年前后，马其诺防线除军事功能之外，已逐渐发展成一个集避难、餐饮、住宿、医疗、休闲娱乐及观光旅游为一体的综合性商业中心，吸引了很多梦想"休闲式保家卫国"的法国青年来这里工作和生活。但我们都知道，在实战中，这座"地下 CBD（Central Business District，中央商务区）"的投资回报率并不高。

虽然马其诺防线全长近 400 千米，但并没有从大西洋一路修到法德边境的南端。因为这样修的话要经过比利时，而比利时保持中立，不允许法国在法比边界修建这种军事工程。所以，法国只能把南边封起来，然后在北边布置机动部队，也就是"北边堆人肉"。

英法联军执行的是总司令莫里斯·居斯塔夫·甘末林敲定的所谓的"戴尔计划"，即如果德军进攻比利时，那英法联军就立刻进入比利时，推进战线在戴尔河与德军大战三百回合。

一战中法国被打了个稀巴烂，留下了严重的心理阴影，所以到了二战，法国人满脑子想的都是不要让战火烧到自己国家，要打就去国外打。但英法联军又不能提前进入比利时做好准备，原因如前文所述，比利时要保持中立，它还幻想战争有可能不会发生，或者德国会从更南端的瑞士绕去法国。既然德军还不一定从我比利时走，那你们联军何必来那么早？这不正好给希特勒开战找了个借口吗？因此，英法联军只能在法国境内干等，等希特勒行动了才能行动。

在密集的人肉和坚固的墙头中间，有一个小空当，即比利时东南部的阿登森林。最后，德军的坦克就是从这个小空当钻了空子。

希特勒下达准备进攻法国命令的22天后，也就是1939年10月19日，初版的"黄色方案"出台。具体方案是沿着法德边境从北到南将德军依次划分为B、A、C集团军群。费多尔·冯·博克指挥的B集团军群有三个集团军，负责主攻，将向比利时和荷兰全力挺进。格尔德·冯·伦德斯泰特指挥的A集团军群有两个集团军，担任辅助，主要向比利时南部和卢森堡推进。威廉·里特尔·冯·勒布指挥的C集团军群有两个集团军，正对着马其诺防线，进行进攻牵制。这场战役的目标是击溃英法联军，尽量多地占领荷兰、比利时和法国北部领土，以作为未来对英空战和海战的基地。

但是，当时气候恶劣，秋涝严重，德国进攻法国的日期推迟到1940年1月。到了1月天气还是不怎么样，经常是下雨下雾又刮风，进攻时间只好继续推迟。从最先制订的1939年11月12日到1940年5月10日发起进攻，这个行动一共被推迟了29次。这一时期也被叫作"静坐战"。因此，西线战役的开打和波兰战役大不一样，一点都不突然，全世界都知道这一仗肯定要打，但是没想到最后是以那样的方式开打。当然进攻时间往后推迟，对德军也有好处，因为德军可以准备得更加充分。到1940年5月，德军已经扩充到135个师。

看完1939年10月19日出台的"黄色方案"之后，德军内部有人提出了不同意见，这个人就是当时A集团军群的参谋长埃里希·冯·曼施坦因。他认为这份方案中规中矩，创意不足，拿去和英法这种高水平的对手"竞标"胜算不大。这份方案的内容和一战时期的"施里芬计划"类似，也是从比利时方向突破，新瓶旧酒，"至今已觉不新鲜"，目前德军的兵力配置，基本是按照这个方案进行。从动态的视角来看，最好的结果也就是将战线推进到索姆河一线，和一战一样，双方僵持，最后两败俱伤。

曼施坦因提出的方案与"黄色方案"相反，他主张由 B 集团军群佯攻，吸引敌人注意，A 集团军群主攻，然后从阿登山区突然杀出，向索姆河下游一路狂奔，正好切断刚刚进入比利时的联军的后路，将他们全部围歼。按照这份方案，需要再给 A 集团军群增加一个集团军，而且必须集中大多数的装甲力量。

真正的高手从不纸上谈兵。1939 年 11 月，曼施坦因专门咨询了 19 装甲军的军长，当时德国的坦克战专家海因茨·威廉·古德里安。曼施坦因问他的坦克军到底能不能朝着色当方向，快速穿过阿登森林。

古德里安一拍大腿，兴奋地表示："老兄，你这可真是问对人了，当年一战的时候，我的骑兵部队就在那一带混，所以我对那片林子太熟悉了。"古德里安研究了一会儿地图，郑重地回答曼施坦因："可以。"一个"天才建筑师"曼施坦因，搭配一个"资深包工头"古德里安，一座宏伟的战略大厦，就这样拔地而起。

曼施坦因兴奋地将方案提交上去，但是德国国防军陆军总司令部（Oberkommando des Haeres，OKH）的布劳希奇和哈尔德并不认可。他们反对的原因很简单：第一，你说重点应该放到 A 集团军群，这不就是强调自己部门的重要性吗？类似这样的意见我们见多了，哪支部队不说自己的部门重要？第二，如果现在说你的方案好，那我们OKH 之前做的方案又算什么？我们没你有水平？那我们的高薪水是白拿的吗？所以，希特勒开始没有看到曼施坦因的方案。

但是，曼施坦因的顶头上司，A 集团军群司令格尔德·冯·伦德斯泰特非常支持他，把方案托关系递给了OKH 的上级部门——国防军最高统帅部（Oberkommando der Wehrmacht，OKW），由OKW 的参谋长阿尔弗雷德·约德尔把方案递给了希特勒。希特勒只是扫了一眼方案并未重视，直到一个意外发生。1940 年 1 月 10 日，一个德军少校带着西线全套作战方案，从明斯特飞去波恩，结果飞机因故迫降在了比利时。这样该方案大概率会落入联军手中。机密外泄了，方案当然必须修改，但希特勒又头疼了：我亲自指导下弄出来的那么完美的计划，还能怎么修改呢？

1940 年 1 月整整一个月的时间，渴望出人头地的曼施坦因还在不断地向上传递他的方案，OKH 终于发怒了，把他调离了 A 集团军群参谋长的岗位，去做一个新组建的 38 军的军长，明升暗降。但"塞翁失马，焉知非福"，当时的德军有个规矩，新任的高级军官在正式接受委任前，要面见希特勒一次。于是，新上任的 38 军军长曼施坦因连跳 4 级，见到了帝国元首希特勒，完美地献上了一份"隆中对"。这份"隆中对"在历史上被称为"曼施坦因计划"。人的一辈子真正关键的时刻就是那么一两次，把握住就名垂史册，把握不住就泯然众人。

事情还是这个事情，但是自下而上和自上而下，效果完全不同。布劳希奇和哈尔德立刻听从了希特勒的命令，精确而具体的新方案很快出炉。

在新方案中，将 B 集团军群调整到 29.5 个师，A 集团军群增加到 45.5 个师，而且将古德里安的第 19 装甲军和古斯塔夫·安东·冯·维特斯海姆的第 14 装甲军编成一个超级装甲集群，由埃瓦尔德·冯·克莱斯特指挥，集中投放到色当方向。A 集团军群一旦突破防线，就将直插英吉利海峡，将联军一分为二。德军的这个新计划，被形象地命名为"镰刀计划"。镰刀已经准备好了，而韭菜们还蒙在鼓里。此时的英法主力，仍然在紧锣密鼓地为即将在比利时境内发生的"决战"做着准备。

1940 年 5 月 10 日凌晨，进攻开始。德国空降师进入荷兰，4000 名伞兵迅速夺取了海牙和鹿特丹的桥梁和机场。与此同时，另一小股伞兵部队乘坐滑翔机向比利时边境的埃本·埃马尔要塞发起了进攻。埃本·埃马尔要塞是比利时仿效法国马其诺防线精心研发的"自主品牌"，也是"一夫当关，万夫莫开"，可以全天候进行 360 度无死角射击。但是它能称霸的只是地面，德军的滑翔机直接降落在埃本·埃马尔要塞的顶部，可谓"神兵天降"。在这个位置，碉堡的火力打不到德军。虽然德军只降落了区区 78 个人，但是他们迅速炸掉了埃本·埃马尔要塞内的大炮，而且完全控制了埃本·埃马尔要塞中的 1200 人，直到德军大部队抵达，将埃本·埃马尔要塞拿下。

从 1940 年 5 月 10 日凌晨 4 时开始，德国空军就对荷兰和比利时的空军基地进行了突袭，比利时空军基地的大多数飞机还没起飞就被击毁了。在空军获得绝对制空权的同时，德军的地面部队稳步出动。B 集团军群中兵强马壮的瓦尔特·冯·赖歇瑙的第 6 集团军（就是两年以后，即 1942 年在斯大林格勒战役中"一战成名"的那支军队）昂头挺胸地突破边境，越过埃本·埃马尔要塞向前挺进。德军在比利时的推进速度远远超过预期，比利时人只得回撤到戴尔河以西，准备和英法联军汇合后一起"守塔"。

在发起进攻的前两天，德军几乎把所有的空中力量全部用在北线，狂轰滥炸，不惜血本。写到此处，我都对北线是佯攻方向产生了深深的怀疑。拍戏就要这样，要拍就拍大片，演员、场景、特效，一个都不能落，要舍得花精力，舍得花钱，只有这样，才能彻底征服观众！

英法联军一看，德军果然是从北线方向进攻，莫里斯·居斯塔夫·甘末林立刻下令，按预定计划全军出击，执行"戴尔计划"，冲入比利时前去迎敌。所有人都没有意识到，那把将要真正插入英法联军心脏的利剑已然出鞘。

1940年5月10日，德军A集团军群已悄然挺入阿登森林。此时此刻，德军唯一的敌人就是时间。这里的坦克、装甲车和汽车的数量将近2000辆，绵延160千米。当然这个长度是盘旋蜿蜒的，如果拉直，其长度大约相当于上海到杭州的距离。在这非常危险的时刻，大军每多停留一秒钟，危险就多一分。当时德军的参谋规划水准确实堪称世界第一，他们居然可以做到让整个队伍井然有序。所有路口都站着训练有素的军警，他们熟练地调度着车辆，有效地管理着司机们的情绪，使得车队行进的速度虽慢不乱。抛锚的车辆，会立刻被无情地清理出道路。

为了应对英法联军可能进行的空中打击，德军在关键位置都放置了防空炮和预警用的坦克，但奇怪的是空中打击并未到来。实际上，在这一区域出现这么庞大的车队，在空中并不难发现。可惜英法联军对空中侦察一直兴趣不大，出动的空中侦察班次很少，直到1940年

5月11日，英法联军才发现了阿登森林地区的德军。但发现和没发现其实区别并不大，因为他们判断这应该是德军在比利时地区的佯攻。这一判断完美地诠释了一个成语——掩耳盗铃，即人终究会倾向于去相信自己愿意相信的事，自动钻入"信息茧房"。

既然认定德军是佯攻，那就不用进行大的调整。负责阿登地区的是法国第2集团军和第9集团军的骑兵部队，主要被用来驱赶渗透过来的一些散兵游勇，结果对阵的却是装备精良的德军H集团军群。历史上对这里的记载是：法军骑兵损失惨重，被迫后撤。

1940年5月12日，古德里安的第19装甲军旗下的第1装甲师和第10装甲师终于抵达默兹河（也叫作马斯河），逼近色当埃本·埃马尔要塞。色当就是1870年普法战争中普鲁士获得决定性胜利的地方，如今德法在这里上演"有缘再次来相会"。

这时，古德里安的第2装甲师及大多数火炮队还在后面缓慢前进，还要再等一天才能抵达色当。但古德里安认为兵贵神速，决定不等了，直接让上司埃瓦尔德·冯·克莱斯特给他调来了大批空军，用炸弹替代炮弹。

1940年5月13日中午，德军对默兹河西岸防线的狂野空袭开始了，战斗机、中型轰炸机、轻型轰炸机、俯冲轰炸机，德军的全部家当密集来袭。在这些轰炸机中，尤以斯图卡俯冲轰炸机最为特别，它俯冲的时候会发出尖锐的警报声，犹如死神的咆哮，每一次俯冲都会让地面的人感觉这次轰炸就是冲着自己来的，恐怖至极。其实轰炸机造成的直接伤害并不大，它最大的作用就是压制住了防守火力，使联军无法有效地开火；另一个作用则是击垮防守方的心理防线。

1940年5月13日下午4点，古德里安手里最精锐的步兵大德意志步兵团开始乘坐充气艇强渡默兹河，并且成功在河对岸建立了登陆场。接着，他们又冒着被法军炮火轰炸的危险架好了浮桥。这时，法军的两个步兵营和三个坦克营联手发起了一次及时的反击，此时德军的重武器都还没过河，手上的 37 毫米反坦克炮根本打不穿铁疙瘩一样的夏尔 B1 坦克，但他们还是以高超的作战素质和顽强的战斗精神击退了法军的反击。大德意志步兵团在这一战中立下奇功一战成名，在后来的苏德战争中，它被升级为大德意志装甲掷弹兵师屡建奇功。

当晚，古德里安的坦克终于开始过河，到 14 日凌晨，三个装甲师全部通过默兹河。与此同时，赫尔曼·霍特第 15 装甲军下属的第 7 装甲师也不甘落后，他们从更西面的南特附近巧妙地渡过默兹河，第 7 装甲师师长正是埃尔温·隆美尔。

直到此时，甘末林才意识到形势的严峻性。马其诺防线内的大部队机动性很差，不可能赶回来阻挡德军的进攻。眼看德国坦克已经在过河了，甘末林只得出动能调集到的所有轰炸机，向浮桥发起自杀式攻击。说是"自杀式"，是因为德军在河两岸的高炮阵地已经设好，最终参与进攻的 200 架飞机中，超过 110 架被击落，英法联军的状况糟糕透顶。

接下来看一下北面战线。1940 年 5 月 14 日，荷兰因抵挡不住德军持续的轰炸宣布投降。在比利时，从 5 月 14 日开始，赖歇瑙第 6 集团军开始正式冲击戴尔防线。法国第 4 军在当天发起了一次英勇的反冲锋，击退德军。5 月 15 日，英军第 3 师在鲁汶发起反击，击退德军，师长是伯纳德·劳·蒙哥马利。到 5 月 15 日晚上，德军在戴尔防线上所有的进攻都被英军击退。但问题是，此时南边的德军已经出现在联军侧后，对戴尔防线的守军来说，可谓"前有狼，后有虎"，腹背受敌。甘末林不得不下令放弃戴尔防线，让部队撤往后方的埃克斯特河。前线联军士兵的士气本来已经有所上涨，但突然接到的撤退命令让他们极度费解。比利时人尤其困惑：为什么不守了？战前说要这样防、那样守，为什么一开战还没怎么打就要撤退？这是要把比利时拱手相送吗？

在联军撤退的路上，上面有敌机，下面有难民，撤退沦为一场灾难。5月16日，刚刚上任的英国首相温斯顿·丘吉尔飞到巴黎，他简直不敢相信300万联军部队被打成了这个样子，只好追加投入，再调6个空军中队支援战场。在这场法兰西战役中，英国战斗机损失极大，给稍后的初期不列颠之战埋下了隐患。

再看德军的情况。古德里安的坦克军一过河，就开始向西狂奔。有人问他到底要开向何方，他只是指了指大海的方向。5月15日夜里，他突然接到了克莱斯特的电话，要求他在坦克军身后的步兵赶到之前停止前进。古德里安不同意，他认为现在让坦克军停止前进等于放弃了之前所有的战果。最后，克莱斯特只好同意让坦克军继续向西走了24个小时，用于"扩大登陆场"，接着，坦克军又往西开出了80千米。到5月16日晚上，古德里安再次接到命令，通知他该让坦克军停止前进了，古德里安愤而辞职。可见当时德国军队内的主要矛盾是"优秀基层军官对新战术的探索精神和高层领导战略战术不一致"的矛盾。

每次面对技术革命，不是所有人都能跟上时代发展的脚步；每次面对风口，也不是所有人都能抓住机会。即使德国已经是当时世界上军事理念最先进的国家之一，但还是有很多人接受不了坦克部队不顾一切向前冲的战术。很多人以为德军的"闪击战"是一个战前就设计好的战略,这其实是错误的。德军的"闪击战",也是在实战过程中探索和磨合出来的。德军连内部的意见都从来没有统一过,又何来"事先规划"之说。

古德里安的辞职把事情闹得有点大,德军正是用人之际,业务骨干不能走。经过德军高层的调节,古德里安和克莱斯特两边各退一步,克莱斯特同意古德里安坦克军的部分兵力继续前进,进行"火力侦察"。于是,古德里安命令第 1 装甲师和第 2 装甲师去进行"火力侦察",这两个装甲师足足占了坦克军全军 2/3 的兵力。

1940 年 5 月 18 日,古德里安的坦克军占领圣康坦。5 月 19 日,坦克军到达佩罗讷。5 月 20 日中午,坦克军攻占亚眠。5 月 20 日晚间,坦克军攻克阿布维尔。5 月 21 日凌晨,坦克军抵达滨海小镇努瓦耶尔。事实证明,英吉利海峡才是古德里安的目的地。可是他跑得太急,以至于他在海边又等了整整两天,才接到新的命令。5 月 22 日,古德里安的坦克军获准继续前进,他立刻让三个装甲师分别向加莱、布洛涅、敦刻尔克三个港口前进。如果这三个港口全部被占领,联军的海上通路就将被彻底关闭。

当古德里安的坦克军向英吉利海峡挺进时,在蒙科尔内,法军第 4 装甲师从 5 月 17 日开始连续发起了两次有威胁的反攻,甚至一度接近古德里安的司令部,但最终都被斯图卡轰炸机强行逼退。当时第 4 装甲师的带队军官名叫夏尔·戴高乐,当时他的职位还只是上校。

1940 年 5 月 19 日,由于指挥不当,英法联军总司令甘末林被迫下台,法国总理保罗·雷诺任命 73 岁的老将马克西姆·魏刚接替甘末林。

当时的联军群龙无首,整体规划无从谈起,各个部队只能见机行事。这期间最有名的一场战役，是由英国远征军总司令约翰·戈特发起的阿拉斯战役。这次战役的目标是断掉德军先头装甲部队的后路，并阻止德军后续部队的推进。戈特与法方联军约好：英军从北向南，法军从南向北，对阿拉斯市进行两面夹击。可在 1940 年 5 月 21 日当天，法军失约未到，到场的只有英军的 2000 多人和 88 辆坦克，但他们还是义无反顾地冲向敌阵。此时，在阿拉斯市防守的部队正是埃尔温·隆美尔的第 7 装甲师。

英国玛蒂尔达 2 型坦克，是世界上唯一以女人名字命名的坦克，它的前护甲有 78 毫米厚，堪称"铁娘子"雏形。德军的 37 毫米反坦克炮及 2 型坦克和 3 型坦克，在它面前如同玩具。从 1940 年 5 月 21 日起，德军才如梦初醒，原来坦克不能光跑得快，还得够硬啊！

阿拉斯战役的第一天，英军势如破竹，击毁了德军大量坦克和火炮，引起了德军的巨大恐慌。次日再次战斗时，英军又嚣张地将玛蒂尔达 2 型坦克推了过来。埃尔温·隆美尔急中生智，命令把师部的 88 毫米高射炮搬过来。其实，这并不是 88 毫米高射炮第一次打坦克，在西班牙内战时德军已经用过这招了，但在"国际大赛"中亮相这还是第一次。这招果然厉害，玛蒂尔达 2 型坦克被一炮射穿，英军的攻势被击退。就这样，埃尔温·隆美尔靠着机智的临场发挥，解除了古德里安坦克军的部分后顾之忧。虽然阿拉斯战役中德军的伤亡不大，但极大地引起了德军的恐慌，德军的高层更是吓出了一身冷汗。

1940 年 5 月 24 日，格尔德·冯·伦德斯泰特向希特勒汇报了刚刚结束的这场阿拉斯战役，并提出了他的担忧：古德里安身后的这条装甲通道，坦克军已经驶过，但步兵还没有跟上，整条战线十分脆弱。希特勒也认为古德里安的坦克跑得太快，存在被联军切断后路、全军覆没的风险。格尔德·冯·伦德斯泰特进一步提议，现阶段的胜利只是第一步，索姆河南边还有很多法军，建议让宝贵的装甲主力去应对南边的法军。希特勒表示完全同意他的提议，但陆军总司令布劳希奇和总参谋长哈尔德却持相反意见，他们坚决支持古德里安猛攻敦刻尔克的决定，认为机会千载难逢，不应该放跑任何联军。

在当时的德军里，按官职大小，从大到小依次是希特勒、布劳希奇和哈尔德、格尔德·冯·伦德斯泰特、古德里安。希特勒和格尔德·冯·伦德斯泰特当属保守派，另外几位属激进派，而保守派明显占上风。因此，最终的结果是：1940年5月24日，希特勒发出命令，要求古德里安停止前进，将敦刻尔克交给空军。

其实，联军最脆弱的时刻，恰恰就是这几天，如果德军全力追击，英法联军不可能全身而退。当然，敦刻尔克的桥头堡防守已经很严密了，德军的坦克损失也会不少，但英军将可能面临全军覆没的危险。德军在敦刻尔克的止步，存在以下三个可能的原因。

第一个可能的原因：此时的希特勒思维并未转变，所以才会把坦克当宝贝。后来他到了苏德战场才明白，坦克就是用来消耗的。假如"曼施坦因计划"的提出者曼施坦因还在格尔德·冯·伦德斯泰特身边当参谋长，他肯定会支持继续猛冲，但不知道他能否改变希特勒的决定。可惜，历史没有如果。

第二个可能的原因：希特勒的这个决策是出于政治考虑。法国战役的推进速度远超预期，此时的希特勒还没有想过，灭掉法国之后下一步棋该怎么走，尤其是该怎么对付英国。他最初的设想是逼迫英国求和，但他甚至都没想过英国不就范该怎么办。因此，在1940年7月，希特勒突然下令要为登陆英国做准备时，德国的空军一直无法夺下制空权，海军更是凑不够船数，最终只好放弃。5月10日，就在法国战役刚开始的时候，强硬派温斯顿·丘吉尔担任英国首相更是让和谈成为幻想。因此，5月24日，希特勒发布让坦克部队暂停前进的命令，实际上也是为自己作决策争取时间。到底是"追穷寇"，还是"留一线"？至于什么"舍不得装甲力量"的言论，也许只是希特勒为自己设计的一个台阶。

第三个可能的原因：空军司令赫尔曼·威廉·戈林拍胸脯保证，可以完全靠空军炸平沙滩，不需要再使用宝贵的坦克部队。希特勒听后大喜，但实际上空军在执行命令过程中问题重重。首先，空军的出动就面临一个致命问题——天气，空军靠天吃饭，一旦天气不行只能干瞪眼；其次，沙滩的上空有大量英国的战斗机，他们会在一旁看热闹吗？

我们的视角再次回到战场。此时的联军边打边退，德军步步紧逼，已攻下荷兰的B集团军群的格奥尔格·冯·屈希勒尔和赖歇瑙的部队合兵一处全力推进。事到如今，德军已经不用再分什么佯攻、主攻了。1940年5月25日晚上，英国远征军司令戈特决定撤退，于是全体英军向后转跑步冲向敦刻尔克。其实当时的英国新任首相丘吉尔早在五天前就批准了名为"发电机"的海上大撤退行动。比利时一看局势不利，于5月27日宣布投降。英国人撤退，比利时躺平，就剩法军还在苦苦支撑。

马克西姆·魏刚要求部队不要慌、不要跑，因为南方的援军已经上路了，正在实施南北对进的"魏刚计划"。1940年5月28日，法国第1集团军在里尔被德军包围，但他们一直英勇战斗，坚持了三天之久，直到英军和法军残部抵达敦刻尔克才投降。德军对他们肃然起敬，允许他们以战礼列队走出里尔。可见，法军整体的溃败绝非基层士兵的原因，战争中的他们并不懦弱。

截止到 1940 年 6 月 3 日，一共有 33.8 万联军士兵从敦刻尔克撤回英国。6 月 5 日，德军开始执行"红色方案"，装甲兵主力全部向南挺进，魏刚剩余的兵力无法抵挡。6 月 10 日，意大利对法宣战。6 月 14 日，德军进入巴黎。6 月 16 日，法国总理保罗·雷诺辞职，由法国陆军元帅亨利·菲利浦·贝当组建内阁。

德军占领法国后直接冲进巴黎博物馆盗走了 1918 年签署《凡尔赛和约》时用过的那节火车厢，并将其拖到了贡比涅森林的一块空地。1940 年 6 月 21 日，就在这节车厢内，希特勒与法国代表签署了停战协议。此时，希特勒迎来了他人生中的高光时刻，但古话说"盛极则衰"，他的下场在这一刻也已然注定。

第二章

鏖战不列颠

1940 年不列颠之战

　　1940 年 6 月 4 日凌晨，最后一艘舰船离开敦刻尔克，法国战事告一段落。当天中午，志得意满的希特勒对海军司令埃里希·约翰·阿尔伯特·雷德尔说，他准备优化一些陆军，接下来将重点发展空军和海军。看样子这是要剑指英国了，但前段时间他和英国的态度那么"暧昧"，这不是自相矛盾了吗？6 月中旬，东边也有情况，约瑟夫·维萨里奥诺维奇·斯大林看希特勒在忙里忙外，自己也没闲着。趁着兵荒马乱，苏联南方面军强行入侵罗马尼亚的比萨拉比亚，现在苏联控制的地盘离普洛耶什蒂油田就差 160 千米了。希特勒以己度人，心想哪天苏联人来个闪击战，油田就被抢了啊！于是他又在琢磨是不是把英国放一放，先干掉苏联。这时候赫尔曼·威廉·戈林和雷德尔都建议，趁着英国元气大伤，赶紧轰炸英国港口，但希特勒却对此持不同意见。

　　接下来的一整月，希特勒都在向英国暗送秋波，表示德国和英国可以坐下来好好谈一谈。丘吉尔反复回答："Never, never, never（绝不）！"到 1940 年 7 月初，希特勒还是不愿意接受英国拒绝和谈的事实，他对手下宣称英国人是受了斯大林的蛊惑才犹豫的，需要再给他们一些时间。等到 7 月 16 日，还是没有下文，希特勒终于在内部发布了作战命令，要求开始准备对英登陆计划，这也就是著名的"海狮计划"。

但希特勒还是没有死心，三天后他又发表公开演讲，对英国喊话："如果英德二虎相争，一定会倒下一个，丘吉尔先生认为会是德国，但我认为一定会是英国，一想到即将发生的流血事件，我就不禁悲从中来。"希特勒怕传播力度不够大，影响范围不够广，又来了一波"地推"，把演讲稿用高空轰炸机空投到英国的各大城市。

但他和丘吉尔拼演讲水平就有点班门弄斧了，丘吉尔还是回答："Never, never, never！"

面对这台"老式复读机"，希特勒前思后想，因为准备时间不够，只能先打英国。1940 年 7 月 21 日，德军内部紧急开会。希特勒让大家准备渡海攻英，最后期限：9 月 15 日！全体人员一片哗然：你之前黏黏糊糊、左顾右盼的，现在突然一个半月后就要登陆英国！渡海作战可不同于常规作战，对海军要求非常高。大家都知道，海军是德国的短板，要在不到两个月内准备好，简直就是痴人说梦。

和大家简单介绍一下德国海军的情况。1938 年 3 月德国吞并奥地利之后，当时的海军司令雷德尔给希特勒制订了一份代号为"Z 计划"的扩军方案，可以与英国皇家海军分庭抗礼。其中包括 10 艘最新型战列舰（比其他国家还没建造的战列舰更重、更快，火力更猛），还有 15 艘重型巡洋舰（袖珍战列舰）、65 艘巡洋舰、8 艘航空母舰和 249 艘潜艇。这份扩军方案的完成时间是 1948 年，刚好需要十年。收到这份方案后，希特勒未置可否，主要还是担心钱的问题。现在这个盘子有多大还不能确定，因此在研发和生产上的预算自然也不能确定。花太多钱，收不回来怎么办？

直到 1938 年 9 月签订《慕尼黑协定》，希特勒才如鲨鱼闻到血腥般醒悟。现在，他要的是整个欧洲！ 1939 年 1 月，希特勒突然表示支持"Z 计划"，时不我待，因此把计划完成的时间提早了三年，即 1945 年——一个非常吉利的年份。

雷德尔当场提出抗议："这简直是开玩笑，10 艘最新型战列舰，15 艘重型巡洋舰，65 艘……"

希特勒说："现在荣升你为海军元帅，你还有什么要说的吗？"

雷德尔说："那……那暂时没有了。"

希特勒又补了一句："如果实在来不及，那至少到 1944 年造好 6 艘战列舰，如俾斯麦号和提尔皮茨号这种的战列舰。没几个大炮巨舰，如何威震天下？"

1939 年 4 月，希特勒正式废除了 1935 年与英国签署的《英德海军协定》，这个协定规定了德国海军舰艇吨位总体规模不能超过英国海军舰艇实际总吨位的 35%。雷德尔再次震惊，心里想：你们急啥？我已经在造船了，为什么对外不低调一点呢？如果研发搞一半和英国人开打了，怎么收场？

但希特勒的思维层面更高，他就是吃定了英国的"绥靖政策"，处处要吓唬他们，最好也能签个条约把波兰走廊吞下来。因此这个时期他不能低调，就是要张牙舞爪。

1939 年 9 月 1 日，德国入侵波兰。雷德尔两眼一黑，差点晕倒。他在备忘录中写道："元首明明曾向我保证，1944 年之前不会和英法开战。"一想到英国皇家海军的强大实力，他不禁又是两眼一黑。

才短短九个月，"Z 计划"自然是八字还没一撇。德国陆军和海军开了个碰头会，会上哈尔德表示："初期的登陆攻击需要13个师，正面需要322千米宽，这些部队需要在两三天内完成登陆。"

雷德尔说："按照你们的要求是不可能的，这么宽阔的海域我们这点海军根本罩不住，肯定会被英国的舰队打成筛子。我们只能确保一条非常狭窄的海域，而且两三天运过去十几万人也不现实，因为根本没有那么多船。"

哈尔德表示："但如果这样堆在一起投放，等于将登陆部队送进一台制造腊肠的机器。"

雷德尔说："这样吧，我们也不要吵了，就对元首说，假如我们的空军可以把英国的空军还有岸防实力全部摧毁的话，那就完全没问题！"

哈尔德恍然大悟："是这么个理儿，甚好。"

于是，陆海军联手甩锅给了空军。万万没有想到，刚刚晋升为国家大元帅的戈林居然自信地回答："好呀！"他坦然地将陆军和海军甩过来的锅接住，德国空军这才开始紧锣密鼓地准备起来。他们有大量工作要去完成，如扩建法国、比利时、荷兰的机场，整训人员，增加弹药储备等。之前那一个月，这些工作都没有认真推进。主要是希特勒态度不坚决，再就是戈林让许多空军军官回德国调休，并代表他去接受各地人民的款待和庆祝。现在他既然明确要拿下制空权，那是时候拿出真正的实力了！

此时的戈林还是比较乐观的，他一边命令军队开始试探性地进攻，一边制订计划，准备在1940年8月8日发起第一轮大型攻击，即"鹰日计划"。

那英国方面的情况如何呢？在1939年6月底，英国的情况也是很危险的。先说陆军，从敦刻尔克撤回来之后，英国陆军共有 27 个师和 14 个独立旅，但很多人是赤手空拳的，他们的装备都留在法国的沙滩上了。虽然登陆战要拼海军和空军，但登陆之后还是要打陆战的。陆军越弱，那对手需要运过来的人就越少，运输的压力也就越小。接下来一个多月，英国所有兵工厂都玩命生产，造出了大量的枪炮和坦克。另外，英国从美国那边也运来了不少。到 7 月底，这些陆军手上终于都有武器了。

再说空军。英国在 1936 年 7 月成立了战斗机司令部，专门负责战斗机作战，由空军上将休·卡斯沃尔·道丁爵士负责。但那两年，正是空军攻势理论比较风行的时候，财政部不愿意拨款增加战斗机的数量，而是把钱花在制造轰炸机上，想把欧洲带入威慑纪元。直到慕尼黑危机之后，亚瑟·内维尔·张伯伦才发现，这不就是典型的"攻强守弱"吗？这才批准了战斗机的预算，到 1940 年 4 月造出了 800 架战斗机，这个数量和德国比也是差得很远。

法国战役期间，英国一共损失了 463 架战斗机和 284 名飞行员，情况十分糟糕。不过，好在后方的产量已经上去了，1940 年 5 月生产单座战斗机 325 架，6 月生产 440 架，7 月生产 490 架。

丘吉尔的底气很足，战斗机的产能是一个关键因素，另一个关键因素就是英吉利海峡。"一入英国深似海"，英国人可不是第一次面对他人的叫嚣了。从西班牙的菲利普二世到法国的拿破仑，再到德国的威廉二世，哪次不是魂断英吉利？哪次不是煞有介事地喊话："你们快快投降了吧！看我们有多少兵力，你们才有多少兵力？"英国从来就只有一句话："你过来啊，有本事你过来啊！"

为了应对这场跨海空战，英国已经悄悄研发出了一项黑科技——

雷达。围绕这项黑科技，英国人设计出一套大数据防御体系，即"道丁系统"，雷达会在敌机抵达前20分钟收到预警，立刻传给建在地堡里的区域控制中心，工作人员会在沙盘上标出敌机。敌机飞入内陆之后，雷达将失去捕捉能力，此时接力棒会传给散布在海岸线的1500个观测员，他们不断地把敌机的数量、高度、方向汇报给区域控制中心。控制中心不断校对信息，排除误差，锁定敌机位置，然后将结论立刻汇报给战斗机司令部，由战斗机司令部根据战斗机的位置，调配最优的飞机前去拦截。

德国人对"道丁系统"知道多少呢？答案是：一无所知。戈林知道有雷达这项技术，因为德国的科学家也研究过。但戈林一直没有重视雷达的作用，因为他的关注点在进攻，对于防守的技术不太关心。因此，德国的雷达技术进展得比较慢，既不灵敏也不准确。殊不知英国人不但早就优化了雷达技术，因此，德国空军即将面临的是一场降维打击。

最后说一下硬件的对比。当时，英国空军配置的是飓风式战斗机和喷火式战斗机，都装配8挺7.7毫米勃朗宁机枪，Bf-109配的是机头2挺机枪，再加机翼2门20毫米机炮，各有千秋。虽然起跑线差不多，但针对法国战役中暴露的弱点，英军给飞机配上了定速螺旋桨，还加厚了装甲，又改良了高频无线电。工程队也不分昼夜地工作，在海岸线建好了 N 个雷达站。也正因为形势紧张，所以英国人严阵以待，迎接这场"末日之战"的到来。

希特勒好像有选择障碍症一样，等他彻底想好了，早就错过了最佳时机。最终，由于天气原因，"鹰日计划"又从8月8日被延期到了8月13日。

其实，早在 1940 年 7 月 10 日，不列颠之战就已经进入了第一个阶段，如果以一场欧洲杯举例，这相当于是"预选赛"阶段。德军一直在海峡和港口进行试探性进攻，主要目的是引诱英国战斗机来战斗，相当于"骂阵"，但效果并不好，这一个月德军损失了 296 架战斗机，重伤 135 架，而战果只是干掉了英国 18 艘小轮船、4 艘驱逐舰和 148 架战斗机。

道丁的思路很清楚，当前敌强我弱，不能正面对抗，时间对自己有利，所以就是龟缩不出。他强任他强，清风拂山岗；他横任他横，明月照大江。到 1940 年 8 月初德军总攻开始的时候，英国的战斗机飞行员储备已经达到了 1434 人，创当时英国历史新高。

1940 年 8 月 12 日，在德国发起总攻的前一天，戈林轰炸了多佛尔和怀特岛之间的 5 个雷达站和肯特地区的 3 个机场，但德军炸毁的主要是那些高高耸立的架子，它们比较显眼，也容易瞄准，却忽略了高架下面的小屋，其实那些小屋才重要，因为里面都是些重要仪器。

雷达站被轰炸过后，英国人连夜抢修，1940 年 8 月 13 日拂晓前，雷达站刚好完成了修复。8 月 13 日清晨 5 时 30 分，两大编队的德国空军在亚眠上空会合。几分钟之后，又有两大编队：一队从迪耶普出发，另一队从瑟堡出发，三大队空军乌云压顶般地扑过来了。此时发生的一切，在 177 千米之外的英国雷达屏幕上则显示得一清二楚。

英国东南部战斗机纷纷升空，在"三秒区"内占据有利地形。1940 年 8 月 13 日 6 时 30 分，德国飞机刚到达海岸线，就被早有准备的英国战斗机一顿猛啄，德国空军一时惊慌失措，作鸟兽散，很多被迫遣返。德军下午继续猛攻，目标是英国东南部的机场，以削弱英国战斗机的实力，但德国的情报不准，他们千辛万苦地炸了 11 个机场，却只有一个机场属于英国战斗机司令部。不列颠空战首日战报，德军出动飞机1485架次，损失47架，英军损失13架。

次日天气极差，德军只出动了100架次的轰炸机。8月15日，英德空军再次交战。戈林的计划是连续发起四轮攻击，每轮派出200多架战斗机，彻底荡平英国东南部的战斗机防线。与此同时，戈林准备从挪威和丹麦分别再派出两波战斗机，偷袭英国东北部海岸线。因为有情报显示，英国很多中队去保卫伦敦了，那一带的防守属于真空状态。

但是，他得到的情报又不准确。苏格兰海岸线的防空力量也是不容小觑的，从雷达到控制中心再到战斗机，也是五脏俱全，严阵以待。偷袭的德军战斗机损毁24架。主攻的四波空军，有两波被完全拦截，另两波没继续深入，仅击中了英国5个机场和4个航空工厂。总结一下，不列颠之战的第三天，德军损失战斗机76架，英军损失34架。

这一天德军暴露出很多问题，具体如下。

第一，德军轰炸机的防御能力特别弱。轰炸机只配备了几挺小机枪，一旦被战斗机咬住，九死一生。其实，这1786架轰炸机和战斗机并不是戈林能派出的所有力量，其中的轰炸机只占轰炸机总量的一半，但问题是没有足够的配套战斗机。战斗机已经排满了，没有护航又不行，所以德军的瓶颈是战斗机的数量不足。

第二，Bf-109航程太短。德军还开发了一款双引擎的战斗机Bf-110，一直被寄予厚望，这次从挪威出发的空军就有35架Bf-110护航，结果这些高大的中后卫因转身太慢，完全跟不上飓风式和喷火式，自身难保。

第三，德军的技术落后于英军。这次战斗中，英军还展现出了强大的无线电技术，通过这项技术，飞行人员和地面指挥人员可以直接通话。除此之外，英军还可以随时将战斗机的实时位置报告给地面控制站，约等于现在的 GPS（Global Position System，全球定位系统），这样地面人员就可以直接调度飞机了。因此，英军的飞行员相当于都有一张活地图，而德军只拥有单兵视野，这仗怎么能打胜？

第四，德军的实战调度不够科学。有一次，德军战斗机先盘旋等轰炸机一起编队再出发，但轰炸机从两处赶来，一波马上就到了，但另一波比较远，等了好一会儿还没到，留下来的这部分战斗机实在扛不住了，就加速赶上前面的编队一起飞走了。这样，第一波轰炸机有两部分战斗机护航，而第二波轰炸机形单影只。另外，德军整体搭配也不协调，阿尔贝特·凯塞林的第 2 航空队和胡戈·施佩勒的第 3 航空队，总是左一波右一波，你方唱罢我登场，这样刚好可以让敌军各个击破。

1940 年 8 月 15 日，丘吉尔说了一句名言："Never(in the field of human conflict) was so much owed by so many to so few." 这句话的意思是：（在人类战争史上）从来没有一次像这样，以如此少的兵力，成就如此大的功劳，保护如此广大的众生。丘吉尔所说并不夸张，德国陆军有百万雄师，现在唯一的瓶颈就是制空权，如果英国这 1000 多名飞行员顶不住，那么德国占领英国就不是天方夜谭了。

1940 年 8 月 18 日，戈林再次大举进攻，又损失了 71 架飞机，其中有 37 架轰炸机。当天，戈林决定把所有斯图卡俯冲轰炸机都撤出战场，他终于意识到不能再这样"送人头"了，这些轰炸机留着以后还有用。8 月 18 日，英军损失了 27 架飞机。接下来天气一直不好，德军暂停进攻。7月10日到8月23日被定为不列颠空战的第一阶段，德军被击落了586架飞机，英军损失了262架飞机。

1940年8月24日，不列颠之战进入第二阶段，即"淘汰赛"阶段。

当天，德军的目标是轰炸伦敦附近的皇家空军基地和设施，以此来继续削弱英国的战斗机。时任德国空军元帅的阿尔贝特·凯塞林想出一个办法，他让一部分轰炸机在英吉利海峡上空盘旋，意思是：你们的雷达能看到我，对吧？不要紧，你看得到我的轰炸机，却看不透我的意图，我来个"面壁计划"！

凯塞林的这一操作，确实让英国人不知道飞机该不该起飞了。如果起飞了，但德国飞机还在那里盘旋，等战斗机没油了快返航的时候，他们又杀过来了怎么办？如果不起飞，那他们只盘旋两分钟就冲过来了怎么办？毕竟轰炸机的储油量比战斗机多得多，可以做到进退自如。

德军的这个新战术，让英国人陷入了慌乱。英军的第11战斗机大队的几个前进机场遭到猛烈打击，通信设备、区域控制中心都损失惨重。如果德军持续攻击这些机场，那英国就会很被动。但当天还出了个小意外，正是这个小意外，改变了整场不列颠之战的走势。

1940年8月24日夜里，德军有10架轰炸机迷路了，找不到轰炸目标，于是这批飞行员决定空投一把。结果这批炸弹"咣当"一下就落入了伦敦，"盲投"居然投中了伦敦。8月25日，丘吉尔直接派出80架轰炸机轰炸柏林。

戈林曾经说过："柏林是绝不可能被轰炸的，如果柏林被空袭，自己就改名字叫迈耶。"

希特勒对英军的空袭提出了抗议："打仗就打仗，怎么还搞偷袭？"

1940 年 8 月 26 日，柏林继续被轰炸。希特勒火冒三丈，准备对伦敦发起轰炸。

从这一天起，"德英特别军事行动"正式升级了。

戈林对元首的决策表示强烈赞同，有三点原因：第一，戈林认为英国的空军已折损 700 多架飞机，应该更进一步，彻底摧毁英国人的意志。第二，现在英国南部的机场基本都被摧毁了，剩下的几百架战斗机都缩在伦敦以北的机场，那里超出了 Bf-109 的势力范围。1940 年 8 月 29 日，德军曾经出动了 564 架 Bf-109 和 159 架 Bf-110 去挑衅，结果英国的战斗机一架都没起飞，用打篮球的术语就是人家"不吃晃"。好，你们不出来不要紧，我们去攻击伦敦，这叫作"围点打援"，不怕你们不来。第三，戈林是希特勒的忠实追随者，对元首的每一项决策都强烈赞同。9 月 3 日，戈林与手下的两位大将凯塞林和施佩勒开会，提出准备对伦敦展开日间轰炸。

施佩勒反对，他说："应该继续轰炸机场，英国还有 1000 架左右战斗机。"凯塞林说："我觉得没那么多，英国战斗机的数量应该已经接近零了。"

戈林让空军情报处处长约瑟·施密德发表意见，他说："根据我们情报部门的研究，英国现在最多还剩 350 架战斗机，对伦敦开展日间轰炸没有问题。"

戈林说："行了，内部意见 2：1，那就这样，9 月 7 日开始轰炸伦敦。"

至此，不列颠之战进入第三阶段，即"决赛"阶段。

1940年9月7日，伦敦大轰炸开启！当天下午，凯塞林派出372架轰炸机和642架战斗机，分两批连续冲击伦敦。对于德军的伦敦轰炸计划，道丁早有预见，他早已把侧翼的兵力集中到伦敦附近了，英国当时还有650架战斗机。之前英军的战斗机飞得比较高，经常和德军高空飞行的战斗机群缠斗在一起，轰炸机反而接近了目标。这次，道丁也转变了战术，只派少量喷火式战斗机去和高空的Bf-109纠缠，然后派所有飓风式战斗机猛击德军的轰炸机群。这个战术非常成功，23个战斗中队升空，有21个都拦截住了敌机。

　　德军第一波机群损失惨重。英国虽然有高科技和大数据，但德军可以采用人海战术。第二波轰炸到来的时候，英国战斗机不得不下去加油，德军的轰炸机趁机进入伦敦上空，伦敦被炸得火光冲天，这给德军的夜间轰炸又提供了良好目标。1940年9月7日，德军共损失飞机41架，英军损失飞机共28架。

　　当晚8时，英国防卫总司令发出"克伦威尔"秘密信号，意思是地面部队全军待命，德军的登陆入侵即将到来。从英国人的角度看，这确实很有可能发生，但出人意料，第二天岁月静好，什么事都没发生。英国高估了他们的对手，这时候德国海军还在凑船，入侵英国八字还没一撇呢！

　　其他国家的飞行员，如波兰人组成的303中队，在9月7日的伦敦保卫战中一战成名，他们要技术有技术，要身体有身体，完全压着德国人打。这件事让英国人大为震惊，外国人居然也不比我们大英帝国的军人差？于是，道丁又顺手"解锁"了加拿大飞行员、捷克飞行员、澳大利亚飞行员、新西兰飞行员，一下多出很多人手。

　　9月9日，凯塞林卷土重来。这次英军准备得非常充分，德国的一半轰炸机都被逐回，其余的轰炸机也被战斗机和高射炮打得如鸟兽散，随意投弹后就仓皇逃回，这次出击几乎都没有命中目标。

希特勒原定的登陆英国的日期是 9 月 15 日，但 9 月 9 日的空袭表明英国的空军实力还很强。于是，希特勒只能把登陆日期推迟到 9 月 24 日，命令戈林废话少说，抓紧干活儿！

但活儿也不是想干就能干的，伦敦号称"雾都"，天无三日晴，接下来又是连续多天的坏天气，德军只在 9 月 11 日和 14 日，冲破了防守，炸到一些目标。这几天，双方战机又互有损失。

因为 9 月初德军将轰炸目标从军用机场改为伦敦市，这是不列颠之战的转折点，如果德军按原计划盯着英国的机场和雷达设备继续轰炸，英国的形势就会更困难，但现在将轰炸目标转到民用设施上，对英军造成的破坏就不那么直接了。

9 月 14 日，雷德尔向希特勒汇报："从 9 月 12 日开始，敦刻尔克、加莱、布洛涅等港口时不时就被英国舰队炮击，还被英国轰炸机轰炸，对手应该是知道我们要登陆了。以这样的状况，舰船根本无法集结，登陆计划可能还得推迟。"

希特勒表示理解，但他还是相信"迈耶·戈林"再有几天就能将制空权彻底拿下。陆军总司令布劳希奇表示，即使戈林拿不下制空权也不要紧，我们可以使用烟幕做掩护，强行登陆。希特勒最终决定，再推迟三天，将登陆日期延到 9 月 27 日。1940 年，德军内部关于登陆的讨论，真的如同幼儿园小朋友在玩过家家，四年后，他们就会知道，成人世界的登陆作战是怎样的了。

9 月 15 日，戈林发起总攻。这次他使用了最夸张的掩护配置：1 架轰炸机配 5 架战斗机。1 架轰炸机为什么要配那么多战斗机呢？因为戈林设计出一个新战术，就是让战斗机沿轰炸机周围排列，其实就是高空版的"马奇顿方阵"，然后向前整体平推，这样英军的战斗机就不会那么容易地攻击轰炸机了。

有手下提出疑问："这种操作会丧失战斗机的灵活性，会不会反而防不住敌人了？"

戈林说："没有人比我更懂战斗机。我说行就是行，执行命令吧！"

但问题是，戈林的这种战术需要时间编队集结，雷达一汇报，英军也有充足的时间来应对，英军把战斗机组成大编队，以密集的火力冲入敌阵，戈林的空中"马奇顿方阵"被完全克制。

这是一场史诗级大对决，整个英国东南部一直到伦敦的上空黑云压顶，双方的战机猛烈地撕咬。最终，伦敦遭受了猛烈轰炸，但德军也伤亡惨重，损失了68架飞机，英军折损26架飞机。希特勒心里知道，夺取英国制空权的战斗已经失败了。

9月15日，丘吉尔亲临第11大队的指挥中心进行督战，他将这天称为世界空战史上前所未有的、最为激烈的一天。战后，英国将9月15日定为"不列颠空战日"。

9月17日，希特勒对内宣布"海狮计划"无限期搁置。虽然德军后来对英国的轰炸并未停止，但德军已经不再奢望夺取制空权，而是主要针对工厂和港口，轰炸逐渐呈现出夜间化、高空化和常态化的特点。

这一场战役也不知算是哪一天结束的，反正德国派出轰炸机的架次越来越少了，更多的作用是为入侵苏联打掩护。

从1940年7月10日开始，到同年10月底，德国损失飞机

1733 架，英国损失飞机 915 架。

就借用丘吉尔的话，来为这场不列颠之战收尾吧："This is not the end. It is not even the beginning of the end. But it is, perhaps, the end of the beginning."（这远远不是结束，这甚至不是结束的开始，但这或许是开始的结束。）

第三章

乱世大博弈

1940 年列强斗法

　　这一年，风云突变；这一年，扑朔迷离；这一年，黑云压顶；这一年，绝处逢生；这一年，就是 1940 年。英国、德国、美国、日本都各自作出了几次关键的决策，这些决策改变了二战的进程，也改变了人类历史的进程。

第一节　英国

　　我们的视线首先来到 1940 年 5 月的英国。随着德法战争大幕的拉开，"绥靖政策"终于走到了尽头，作为"绥靖政策"的倡导者，5 月 10 日，亚瑟·内维尔·张伯伦在下议院信任投票中惨败，随后辞职。当晚，强硬的丘吉尔正式就任大英帝国首相。在丘吉尔的回忆录中，接下来发生的事完全可以用"坚毅果敢"来形容，但实际上在丘吉尔刚上任的这一个月内，面临的局面错综复杂、危机重重，整个欧洲茫然失措，整个英国的斗志也没有那么坚决。

　　张伯伦虽然下台，但还是保守党的党魁，仍有相当大的影响力。

外交大臣是哈利法克斯勋爵。事实上是先咨询了他是否愿意接任首相，被拒绝后才轮到丘吉尔头上。

1940年5月15日，丘吉尔飞去法国，鼓励法国总理保罗·雷诺要坚持到底。他对雷诺说："英国一定会坚持到底，而且愿意给法国增援更多的战斗机。"

但道丁对此却冷静得多，他说："如果战斗机主力还留在本土，那么将来和德国尚可一战，如果现在就把大多数战斗机派去法国和德军'死磕'，那么法国沦陷之后英国离沦陷也不远了。"他对法国早已失去了信心。

1940年5月26日，丘吉尔启动"发电机计划"，英国人的期望是从敦刻尔克撤出4.5万人，认为这就是最好的结果，如果这些人都撤不回来的话，本土就没什么像样的陆军能够抵抗德国人登陆了，所以形势可以说是非常黑暗的。

雷诺反复催着丘吉尔一起去找意大利，争取用一些地中海的利益作为交换，至少不要让法国两面受敌。这时是1940年5月，德意日轴心国联盟还没有成立，意大利的实力从表面看也比较强。哈利法克斯和张伯伦都支持这个路线，但丘吉尔却很反感。他认为不需要谈，意大利当中间人不一定能达成什么目的。但不管怎样计划还是往前推进了。5月26日，雷诺访问伦敦，同时英法请求富兰克林·德拉诺·罗斯福出面斡旋，请富兰克林·德拉诺·罗斯福向贝尼托·阿米尔卡雷·安德烈亚·墨索里尼表达意愿，这样的话大家都不丢面子。然后请墨索里尼去给希特勒吹吹耳边风什么的。圈子绕得挺大，但墨索里尼直接拒绝了罗斯福。接下来，英法就直接接洽了意大利，不用说也知道不会有什么进展。一切当然都是徒劳的，鬣狗会去劝狮子吃素吗？

　　丘吉尔人生当中很重要的一次演讲发生在 1940 年 5 月 28 日，在这次演讲中他表达了坚决战斗的决心。这时，敦刻尔克大撤退已经开始了，德军也开始轰炸海滩，能撤出多少人谁也不知道，但是丘吉尔的态度很坚决。当时，内阁的主流观点是直接向德国求和。丘吉尔这样论述他的异议：那些认为我们现在求和会比坚持战斗下去获得更宽容和平条件的幻想是错误的。德国人将会要求我们交出舰队、海军基地，还有其他东西。德国人会称之为"解除武装"，就是今天我们经常说的"去军事化"，英国将成为一个奴隶国家，然后被建立成一个希特勒的傀儡政府。所以，不管敦刻尔克的结局怎么样，我们都应该继续战斗下去。战斗是唯一的选项，不要幻想敌人会宽容。关于向美国求助的问题，他的发言更加睿智，发人深省。他认为现在向美国求助为时过早，只有坚定挺身与纳粹战斗，才能赢得美国的尊敬和信任。

　　丘吉尔的原话是："现在慌慌张张地请求帮助，只会收到与预期相反的效果。"这个论述确实是对的，谁愿意帮助一个只会依靠他人的人呢？等我们讨论到美国部分的时候就会知道，丘吉尔担忧的，在大西洋那头句句成真。丘吉尔的这次雄辩得到了大家的认可与支持。更加令人兴奋的是，到 1940 年 6 月 4 日为止，英国居然撤出了 22 万多人，还有 11 万的法军和比利时军。这个大撤军就是丘吉尔主持的，获得了出人意料的成功，英国人一下被说服了。有了这样重量级的筹码，丘吉尔的腰杆一下就硬了，立刻发表了著名的演讲：我们将在海滩上战斗，在登陆场战斗，在田野中战斗，在街巷中战斗，在山峦中战斗，我们永远不会屈服！Never！Never！Never！Never！敦刻尔克大撤退俨然成了一场胜利，当然从某种意义上来讲也确实如此。

敦刻尔克大撤退之后，丘吉尔在战时内阁占据了绝对的主导地位，但内部的争论还在继续，哈利法克斯仍然想找意大利和德国谈一谈。丘吉尔的观点是：如果我们开始和他们和谈，那么对于声望和国内的民心、士气都会打击很大，也就是说，我们的飞行员会认为我们的政府是不坚决的，我们的牺牲有可能是没有意义的。只有让士兵们知道我们就是强硬到底，即使自己牺牲了也是民族英雄，他们才会义无反顾地战斗。另外，丘吉尔说道：其实希特勒的任何条件都是不可接受的，因为我们现在的形势不好，如果要和谈的话他怎么可能轻饶我们？所以，如果我们继续战斗，即使最后输掉了世界大战，所面临的结果也不会比苟活更糟，而且说不定我们会打赢呢！继续战斗的好处是可以鼓舞英国人，以及英国的海外盟友们。因此，最终英国选择了相信丘吉尔，一致作出了决策：不和谈！

从5月底到6月，希特勒完全不知道英国内部的决策，还满怀期待地等着英国服软呢。主要是张伯伦的绥靖政策太深入人心了，谁知道横空出世了一个丘吉尔。7月19日，希特勒还发表了对伦敦的演讲，意思就是：不要装了，早点和谈吧！但没想到完全是热脸贴上冷屁股，最后一看英国真不和谈了，这才手忙脚乱地开始准备，结果非常尴尬。如果打完法国之后，希特勒紧锣密鼓地准备进攻英国的话，英国很多雷达站根本就竖不起来。总之，希特勒过于乐观，错失良机，结果在英吉利海峡这里"撞了钢板"，打乱了节奏，不得不乱步进入一个"人生快车道"，接下来踉踉又跄跄，直通火葬场。

第二节　德国

1940 年 7 月 6 日，希特勒结束了愉快的法国之行，回到柏林等待前来求和的英国人。这时候他当然是非常嚣张的，认为英国面临的是一道单选题。事实上英国也的确做了选择，只是答案与他预想的不一样。

7 月 19 日，希特勒在帝国议会发表演说，呼吁英国回归理智，避免整个国家的崩溃。英国反应冷淡。

7 月 22 日，英国外交大臣哈利法克斯发表广播演说，表达了英国绝不妥协的决心。哈利法克斯，这可是英国绥靖政策的二号人物，由他来表态说明全国已经统一了思想，抱成了一团。希特勒目瞪口呆，如梦方醒，愉快的日子到头了。

7 月 21 日，希特勒发表内部讲话，要求准备进攻英国，但与此同时，他还公布了另外一个令人瞠目结舌的计划，那就是准备在当年秋天进攻苏联。大家都认为这是绝无可能的，为什么要陷入两线作战呢？英国还没搞定，为什么攻打苏联？

希特勒是这样解释的：英国之所以强硬，是因为他还有两个指望，一个是美国的援助，另一个就是苏联。虽然英苏现在没有明确结盟，但是这件事情发生的概率很大，苏联可以帮助英国在巴尔干地区调解争端，试图去切断罗马尼亚的油料供应，现在他们很可能已经在眉来眼去了，所以只有攻打苏联，才能打消英国所有的希望，到时候他就只能投降了。因此，这两件事情要同时准备，不列颠空战开打，消灭掉英国的制空权，同时准备进攻苏联。

希特勒对苏联的印象还停留在"苏芬特别军事行动"时期，他认为苏联只是人多，打仗完全就是外行。他曾经说过："苏联就像一间破房子，现在我们只需要狠狠地踹上一脚，那么整个建筑就会轰然倒塌！"毫无疑问，他过于轻视苏联了，苏联即使真是"破房子"，也是一个巨大的破房子，还顶不住你的三拳两脚？

希特勒还提出一个思路，他认为苏联也是英美指向日本的"远东之剑"，所以如果击垮了苏联，日本就没有后顾之忧了，就可以释放野心勃勃的"南进计划"了。现在在满洲地区关东军储备了很多人，因为日本不得不在那里有所防范，怕大后方被苏联突击。所以苏联被打败之后，日本肯定会南进，这将会大大削弱英国在远东的力量，把美国也牵制在太平洋，那时候美国哪还有精力去管大西洋和欧洲呢？这样削弱了英国自己的力量，以及美国援助英国的力量，而且打消了英国对于苏联的幻想，那英国就只有投降了。

但是在做计划的过程当中，希特勒得知要准备那么大型的陆地战争，一两个月的时间肯定不够，所以最终把入侵苏联的时间推迟到了1941年5月。虽然希特勒对德军的战斗力很有信心，但是他还是能够感觉到时间的紧迫。苏联正逐渐从肃反运动中恢复，而且美国和英国之间的联系越来越紧密，他认为在1942年，美国就将大规模地援助英国，所以留给他的时间窗口其实不多。1939年《苏德互不侵犯条约》中，包含很多经济条款，苏联会源源不断地向德国提供食品和原材料，但问题在于，经济学家们跟希特勒说，如果和英国再加上美国进行持久战争，那么德军需要的物资远远多于能从苏联进口的物资。因此，如果陷入了大规模的战争泥潭，德军的命脉就会由苏联掌控，这是希特勒无法忍受的。德军在1940年的决策和日军在1941年上半年的决策类似，日军对战争的供应要靠美国，德军对战争的供应有一部分要靠苏联，最终他们都决定不再依靠他人了。

其实，从1940年7月到1941年6月和苏联开战，这漫长的一年中，希特勒还做过其他尝试。这个时期，雷德尔提出了一个思路，他认为想登陆英国本土难度非常大，除非真的像戈林说的那样，把英国的飞机打得一架都不剩，但这个概率极低。他提出了一个间接策略，不是进攻苏联，而是围绕地中海做文章，即尽快攻占直布罗陀，同时支援意大利进攻苏伊士运河，把地中海两头一堵，英国就无法再使用地中海了。拿下苏伊士运河之后，德军可以继续进入巴勒斯坦、叙利亚，甚至土耳其。如果土耳其加入德国这边，那从这个路线，德国不是一样逼近了高加索的油田吗？中间走的所有的路，斯大林都无法阻止，因为都不是他的领地，等到他有办法了，战火已经烧到苏联的后院了。前线可以不在斯摩棱斯克、明斯克、基辅，而在高加索，这条路线不是轻松得多吗？全力执行这个策略，英国也很难阻挡。8月中旬，希特勒批准了这个方案，德军内部把这条路线叫作"边缘战略"。

当然进攻苏联的计划也在准备当中，9月2日，美国同意向英国提供50艘旧的驱逐舰，这件事情的象征意义大于实际意义，意味着英美已经越来越紧密地走在一起了，所以希特勒也感觉到地中海计划的紧迫性。9月6日，他又和雷德尔讨论了一下。雷德尔直接就问下一步我们到底是往东还是往南？希特勒没有表态。9月26日，雷德尔又建议对维希法国采取怀柔政策，围绕地中海这一圈儿，特别是北非需要法国的支持，希特勒表示同意。9月27日，德意日签订了《德意日三国同盟条约》。希特勒还要继续去和弗兰西斯科·佛朗哥谈，争取把西班牙也拉入轴心国，但是实际上一直没有成功。

看得出来，这段时间希特勒对地中海和苏联的这两个策略有些犹豫。他自己是倾向于进攻苏联的，但他也知道，这两个计划要准备的时间不一样，苏联要到1941年5月才能开打，而地中海现在就可以开始进攻了。另外，美国的援助越来越加强，一旦英国获得增援，肯定也不好打。

10月4日，希特勒和墨索里尼见面，提出把维希法国和西班牙拉到德意日联盟中来，组成一个"反英大陆同盟"。墨索里尼说佛朗哥对领土方面是有要求的，西班牙要法国的奥兰。奥兰是阿尔及利亚的一个港口城市，维希法国肯定不会同意，否则的话会导致其在北非殖民地失去民心，会败给自由法国，所以西班牙和维希法国那边肯定会有矛盾。另外，墨索里尼自己也提了要求，他要法国北非的殖民地，看来这三家是不可能同时满足的。

10月23日，希特勒去见佛朗哥，希望德军进攻直布罗陀的时候，西班牙能提供帮助。佛朗哥来了个狮子大开口，他要军火和食品的援助。另外，在领土方面，他不仅要直布罗陀（就是打下来之后直布罗陀归西班牙），还要摩洛哥和奥兰。希特勒很恼火：这不是开玩笑吗？一个直布罗陀也值不了那么高的价钱吧？

第二天，希特勒去见维希法国的亨利·菲利浦·贝当，但是没有什么实质性的推进，双方同意法德之后要加强合作，但是维希法国没有同意加入德国和英国直接作战。因此，现在的情况就是，如果要满足西班牙，就要得罪维希法国，如果要拉拢维希法国，保障他们足够多的利益，就要惹恼意大利，即使墨索里尼提的要求一概不理，法国的殖民地还属于维希法国，墨索里尼仍然不开心。

那就再去找墨索里尼吧！于是，希特勒与墨索里尼约了10月28日会面，可等到他准备去找墨索里尼的时候，意大利已经自作主张入侵希腊了。

11月4日，希特勒召开内部会议，详细分析了地中海及中东地区作战的可能性，然后强调进攻苏联的计划也不能放松。之后，希特勒再去和佛朗哥谈。但这也只是地中海西边这头，地中海东边那头因为意大利从北非抽了兵力去希腊，所以只有推迟往苏伊士运河的进攻。

这些事件都是环环相扣的。11月12日，苏联外交部部长维亚切斯拉夫·米哈伊洛维奇·莫洛托夫到柏林参加会议。

会上，希特勒对莫洛托夫说："希望苏联加入我们德意日联盟，一起反对英国。"

但是莫洛托夫没有接茬。当天，柏林还遭到了轰炸，可以说，气氛非常尴尬。等到莫洛托夫走了之后，希特勒就下定决心要进攻苏联，因为他觉得在这个时候莫洛托夫来访不是什么好征兆，有"此地无银三百两"的感觉。看来，就算自己不动手，苏联人也同样会动手。

11月14日，雷德尔再次催促希特勒开始地中海的战役，希特勒已经充耳不闻了。他明确表示，当前和苏联摊牌是首选战略，而且现在地中海计划确实很难执行了，佛朗哥已经明确表示要在这场大战中保持中立。佛朗哥的中立态度让希特勒很生气，直布罗陀这个方向肯定是打不了了，而苏伊士运河那个方向，墨索里尼一进希腊就被锤得鼻青脸肿，开始向希特勒要救援，德军只能去巴尔干了。所以，苏伊士运河那边也没戏了，这个"边缘战略"确实很边缘了。因此，到

1940 年年底时，希特勒已经正式放弃了地中海计划。

12 月 18 日，"巴巴罗萨"计划被制订，接下来希特勒唯一的心愿就是打败苏联，之后再逼迫英国投降。至于苏德之战是如何一步一步被点燃的，我们将在第四章详细介绍。

第三节　美国

对于罗斯福而言，1940 年是一个特殊的年份，因为 1940 年是一个选举年。那个年代，大多数美国人是不想掺和欧洲那些事情的，所以如果要民心和选票，自然是要打起和平的旗号。6 月 22 日，法国投降，丘吉尔表达了坚强的抵抗决心，但从美国的角度来看，英国的决心归决心，有没有这个能力，另当别论。

1940 年之前，美国政府的智库有过充分的考虑，如果战争开始，有以下几种可能：第一种，民主国家在没有美国援助的情况下获胜；第二种，像一战一样战争成为拉锯战，美国最终可以成为调停人；第三种，也是成为持久的拉锯战，但是最终独裁国家战胜了民主国家。智库从来没有设想过第四种可能，就是独裁国家迅速获胜，像法国战役一样，在 1940 年之前这种状况看起来几乎不可能。希特勒要打仗当然可以，无非就是和英法互相缠斗，怎么会弄成这样？因此，法国快速投降之后美国也没准备。

当时，美国在军事上其实很弱，虽然战斗潜力很强。美国陆军只有 24 万人，比荷兰人数还少。还有个问题，就是美国认为英国大概率守不住，现在英国是向我们求助，要各种物资等，但是如果这些东西运过去之后，你们很快就投降了，那这些援助不就立刻成了送给希特勒的礼物了吗？说不定，希特勒反手就用来登陆美国东海岸了。所以，美国很犹豫，毕竟谁也不想支援马上就要输掉的人。这是美国视角的一个方面。

另一方面，罗斯福是一个很聪明的人，从 1940 年 5 月开始，他已经在积极地应对这个危机了。5 月，他建立了一个"危机处理办公室"，这个办公室类似于英国的战时内阁，目的就是用来协调国防的各个部门。6 月，他进行了两项人事变动，任命了弗兰克·诺克斯为海军部长，任命亨利·史丁生为陆军部长，这两个人都是典型的鹰派，之后会一直积极地促进美国的军事干预，给罗斯福以支持。当然更重要的是从 5 月开始，美国积极地扩军，猛然增加国防预算，这个钱肯定是不会白花的，不管是介入欧洲还是保卫本土，都用得上。

接下来的夏天和秋天，正是不列颠空战最激烈的时候，也是美国总统大选白热化的时候，因为罗斯福已经提出很多主张要援助英国，所以他的对手共和党就抓住这一点对其进行猛击，他们成立了一个专门推广"孤立主义"的民间组织，名字叫作"美国优先"，总部设在芝加哥，而且迅速建了很多分部。他们的主张是：希特勒对美国构不成威胁，援助英国最终会把美国拖入战争的泥潭。那么与此相对应的"干涉主义"也成立了一个民间团体，叫作"援助盟国保卫家园委员会"。它也成立了很多分部，募集了几十万美元的捐款，不停地向总统和国会请愿，要赶快介入战争。当时，孤立主义的"美国优先"获得了大多数民意的支持。

丘吉尔第一次以英国首相的身份写信给罗斯福，是在 1940 年 5 月 15 日，他刚担任首相五天后，此时法国战役还没打完。丘吉尔的思路还是很清楚的，大多数重要决策都是一分钟都没有耽误。在这封信里，他写道："欧洲的国家就像小火柴棍一样，一根接一根地被德国折断，墨索里尼也可以随时参战。德国很快要进攻英国本土，我们会抗战到底。但是也想请您知道，如果美国的力量被拖得太久而不使用的话，它将因为错失良机而变得一无所用。"然后丘吉尔直截了当地提出建议，美国可以宣布为"非交战国"，使用任何参战之外的手段来帮助英国。目前，英国最迫切的是需要 40～50 艘旧的驱逐舰，这个可以在德军登陆的过程当中提供很好的保护。另外，还需要几百架新型的飞机，以及弹药和钢铁等。英国会继续使用美元付款，但是如果无力付款的时候，希望美国仍旧可以提供所需的物资。

1940 年 5 月 18 日，罗斯福回信拒绝了英国 50 艘驱逐舰的要求，理由是美国的海域也需要这些战舰来保护，所以美国国民肯定不会答应。丘吉尔收到信之后非常失望，但是他并没有气馁。

丘吉尔回信道："不能给我们驱逐舰可以理解，但是很遗憾，如果英国因为没有足够的力量而必须和谈的话，那么英国唯一的筹码就是这支庞大的海军舰队，到那个时候，英国政府没有任何选择余地，只能为了拯救幸存的英国人民而做出妥协。"这封信没有讲得很直白，但是我们可以思考一下弦外之音，当法国的陆军及英国的舰队被消灭之后，欧洲大陆和美洲大陆之间，也没有什么缓冲保护了。第二次世界大战时期，大海已经不是什么不可逾越的屏障了。等德国有了钱、有了资源，难道他不能造军舰和航母？别看美国躲在大西洋那头，那里也不是世外桃源。另外，丘吉尔专门提到了英国舰队，还提供了一种可能性，就是这支英国舰队最终不一定被击沉或者自沉，它也有可能会被希特勒俘获，到时候希特勒直接多一支舰队，美国受得了吗？

丘吉尔的弦外之音罗斯福听懂了，所以他在后来跟美国的商界领袖发表谈话的时候特意提到，现在法国的舰队停在北非，法德之间具体的停战条件我们还不知道，但是很有可能，这支舰队已经被德军掌控了。如果英国这支舰队再落到德军手里面的话，德国海军瞬间就会变得很强，美国也很危险。因此，他也希望美国人再重新考虑一下向英国提供军舰的这个提议，因为当前对于美国来讲，这批军舰留下来保卫美国产生的价值没有去到英国那里大。

丘吉尔是一位很有远见的领袖。他抢在不列颠战役正式开打之前，突然派兵偷袭了停在阿尔及利亚的法国舰队，1297个法国水兵阵亡。根据法德停战条件，法国的舰队原封不动地停在北非基地，德国将来会把他们解除武装或者遣散，于是英国启动了"黑暗森林法则"，在不确定未来的情况下先把敌人干掉。得知这个消息，美国当然很高兴，因为这支法国舰队，无论是对英国还是对美国来讲都是威胁，所以，也可以把这件事情当成丘吉尔给罗斯福的一个"投名状"。

整个7月，罗斯福的主要精力还是在选举上。到了7月31日，丘吉尔又旧事重提，要求罗斯福给予支持，因为德国对英国的入侵已经是迫在眉睫了。前面说到"干涉主义"下的"援助盟国保卫家园委员会"下面有一个分支机构叫作"世纪小组"。他们提出了一个方案，即美国向英国提供驱逐舰，可以享有美国海岸附近的英国海外军事基地的使用权，这样美国也不亏，事情又能往前推进。所以请大家注意了，换基地这件事情，最开始是民间提出来的，因为干涉派很急，他们觉得美国需要赶紧介入欧战，否则会吃亏。这个"孤立主义"和"干涉主义"就像《三体》里的"拯救派"和"降临派"一样，各有各的主张。罗斯福也看到了这个提议，但还是没有被说服。第一，他要考虑另外一派的反对意见；第二，罗斯福也有一个担忧，就是如果接下来8月不列颠之战英国表现很糟的话，美国现在把这50艘驱逐舰开过去，相当于又给希特勒送了50艘军舰。因此，就算罗斯福可以得到国内的全部支持，他也要再观察一下。

8月2日，罗斯福又召集了一次内阁会议，这次大家终于对于拨驱逐舰给英国这件事情达成了共识。接下来，他一边找国内的法官和律师论证这件事情的合法性，一边和英国去谈细节。例如，美方提出要英国政府担保，就算德国成功入侵英国本土，英国的海军军舰也不能投降和自沉，必须撤到加拿大或者美国，以西半球为基地继续作战。

还真别小看这个要求，丘吉尔对此恰恰有异议，他说："你这说得太难听了，要我们做公开承诺，什么一旦英国投降，什么一旦德军登陆英国，舰队会怎样，不能公开这么说，这太丢脸了，对士气杀伤太大。"

美国说："那你不公开这么说，不就等于是没担保吗？"其实最后几天，反而是丘吉尔在拖延，坚决要求重写基地的租约，想尽量向英国人民掩饰美国在占便宜的事实。后来有很多人说，丘吉尔在二战的时候把英国的老本卖了个精光，这样评价也不太公平，谁想出卖这些老本呢？但是没办法，美国也不是慈善家呀！最后英国确实是比较亏的，因为50艘驱逐舰过去后，德国已经放弃了登陆英国的计划，所以在保卫英国领海上没起什么大作用。直到1941年5月，英国也只是投入了其中的30艘驱逐舰进入现役。就像我们刚才提到的，实际意义远远小于它的象征意义。美国参加欧战，对于每个人来讲，都是一件很震撼的事情。可能这时候还不能说是"参加"，但说"介入"

肯定是没有问题的。8月30日，美国批准向英国援助驱逐舰，效果立竿见影。9月下旬，"德意日"轴心国联盟就成立了，这样一个联合其实就是在震慑美国，希望其不要多管闲事。

得到这些驱逐舰之后，丘吉尔立刻才思泉涌。下面请欣赏诗朗诵《爱的奔流》：

"这就意味着大英帝国和美利坚合众国这两个说英语的伟大国家从此携起手来，共同处理双方的某些事务，互帮互利，你中有我，我中有你。这是一个不可阻挡的进程，就像那滔滔的密西西比河奔涌南去，就让它奔腾咆哮，就让它漫卷狂潮，向着远方更加广阔的土地，向着更美好的明天，向着大海的怀抱，奔流吧！"

后来，丘吉尔这样描述这个时刻："让美国和英国的距离变得更近，同时也把美国拉向了战争。"这也正是他一直期望的事。

刚才说过，这批驱逐舰其实没产生什么大作用，但是不能马后炮地来看历史事件。从1940年7月来看，这样做还是很有意义的。走到这一步，奉行"孤立主义"的人认为隔离美国和欧洲战场还有一些理由。例如，如果按照干涉派的说法，美国还要向英国提供更多的援助物资，那么大西洋上船的数量就会增加，被击沉的风险就会增加，那就增加了美国卷入战争的机会。另外，在法务和财务上也有困难，英国很快就没钱了，拿什么买？1934年，《约翰逊法案》规定，美国不能向在第一次世界大战以后拒绝向美国偿还巨额外债的国家提供贷款，还有1936年制定的中立法案中的现金自运条款：只有交战国当场用现金支付之后，才能运走购买的货物，而且还要自提。

11月5日，罗斯福连任。随后，美国还收到了很多来自英国的"订单"。到1940年年底，英国总计向美国订购了50亿美元的军火，还购买了很多粮食。但接下来有个致命的问题，就是英国的钱快用完了。恰逢此时，"援助盟国保卫家园委员会"于 11 月 26 日发布了一个声明，呼吁国会修改法律，尽快制造商船和军用物资"出租"给英国，这个很有可能是罗斯福研究好之后授意他们发表的，因为由他本人来发表的话可能不太合适。如果要让英国买下这些武器的话，实在是捉襟见肘，但是如果让英国租用，费用就减少了很多。只要英国在战后把这些租赁的舰船和大炮归还就可以了。对于当时的英国来讲，买一个东西和租一个东西，金钱的压力就完全不一样了。

12 月 17 日，罗斯福召开了记者招待会，向大众公布了这个思路，准备采纳这个提议，因为这样就可以避开"愚蠢的现金交易"。他举了一个后来很有名的例子。邻居家的房子着火了急需水管灭火，你不会跟他说，因为自己花了 15 元买了这根管子，所以得先付自己 15 元，然后才把水管借给他，而应该是先把水管借给他，用完了之后再拿回来。当然水管不太值钱，所以在这个例子中就不用付租金了。那么比较值钱的军火，当然要付一些租金，但是至少不需要这个邻居现在就把这根水管完全买下来，因为他可能掏不出这个钱，但是房子已经烧着了，十万火急。如果不及时扑灭的话，很快也会烧到自己家的房子，终究还是自己倒霉。这个例子非常生动，所有的民众都听得懂。12 月底，支持这个方案和反对这个方案的比例已经达到了 100 : 1。当然罗斯福也反复强调说，你们可以把任何"向欧洲派兵"的猜测视为无稽之谈，但是我们需要给那些国家和人民提供战斗的武器，所以我们不是要把美国带向战争，恰恰是把战争拒于美国领土之外。这时，罗斯福的思路还是很清楚的，就是给英国提供枪炮，不会派一兵一卒进入欧洲。

第四节　日本

　　1940 年 5 月，日本的形势已经是骑虎难下，既无法彻底击垮重庆的国民政府，也无法从中国全身而退。正当此时，法国战役打响，很快法国面临全面沦陷。日本迅速逼迫英法政府切断了滇缅路和桂越路，为了缅甸和中国香港能够暂时不受攻击，英国也向日本屈服，关闭了滇缅路。诺门坎战役之后，苏日关系也有所缓和，斯大林实质上已经停止了向中国供货，这样国民政府就失去了所有的外援，抗战形势非常不乐观。因此，大家现在应该能理解 1940 年 8 月中国共产党在华北打响百团大战的意义了，这就是一针强心剂！

　　1940 年 6 月底，日本陆军起草了一份政策声明，表达了南进的意愿，并且同时递交海军。我们知道，日本陆军之前几年一直是主张北进，但因为 1939 年的诺门坎战役，北进受阻。另外，1940 年 5 月，德国横扫西欧，让日本看到了新的机会，所以他们认为现在南进才是划算的，可以趁着英法空虚，直接在屁股后面摘桃子。海军自然非常高兴，他们本来就是主张进攻东南亚。在这件事情上，陆军和海军达成了一致，接下来按照日本的传统，就进入下一个环节——下克上。

　　7 月 16 日，米内光政辞职，陆军和海军认为米内光政没有力量推进新的战略，由近卫文麿任首相，重新组阁。这已经是第二次了，第一次是 1937 年 6 月，近卫文麿发动侵华战争，但是他很快发现战争失控了，既没有彻底征服重庆国民政府，也没有签署任何条约。1939

年 1 月，近卫文麿辞职。1940 年，近卫文麿被一致推选重新组阁，他组建的内阁中，外相是强硬的松冈洋右，陆相是疯狂的东条英机。

近卫文麿上台之后主要的工作就是推进"南进策略"。成为近卫文麿内阁的外相之后，松冈洋右发明了一个词，名叫"大东亚共荣圈"，指的是日本对整个东亚的统治，包括接下来要染指的东南亚。他把这些地方全部囊括在这个邪恶的概念里，用这个说法来颠覆原来英国、法国、荷兰的殖民地，如越南、缅甸、新加坡、荷属东印度群岛等。接下来，日本认为应该改善和苏联的关系，同时要加强和德国的合作，这就是要明抢英国和法国在东南亚的利益了。日本陆军确定了"南进策略"，海军不但举双手赞同而且变本加厉，提出即使和美国发生冲突也在所不惜。

在外交方面，其实一开始德国对日本的态度比较冷淡，可能认为日本的用处不大，但到了 1940 年 8 月底，德国突然转变了态度，变得很热情，原因就是 8 月底时，丘吉尔宣布美国向英国提供了 50 艘驱逐舰。这个举动被大家视作美国介入欧战的信号，德国希望赶紧成立德日联盟来逼退美国。在这样的情况下，德日一拍即合，开始进一步接洽。

尽管德国已经向日本亮了绿灯，但在 1940 年 9 月中旬的时候，日本内部还是做了最后一次"思维实验"。松冈洋右说，在最终决定之前，日本仍然有两条路可走，第一是和英美结盟，第二是和德意结盟。看当时的形势，德国很快会征服英国，甚至可能建立一个包括整个欧洲的大联盟。在军事上，德国的优势很大，如果和德国结盟，日本可以迅速实现南进目标，建立"大东亚共荣圈"。但坏处是将得罪美国，日本的物资供应会遭受重创，失去物资供应之后能否继续战争，不得而知。如果和英美结盟，那么将被迫按照美国人的条件结束侵华战争，在未来半个世纪内，都要听从英美的指挥。难道日本人民能忍受这些吗？或许，从日本人的角度看，和英美结盟就是一次"倒退"。很显然，吃到嘴里面的肉是肯定不愿主动吐出去的。陆相东条英机认为石油问题和进军东南亚，完全是合二为一的事情，日本拿下了荷属东印度群岛就有了石油，不用再看美国的脸色了。这样，日本内阁内部也达成了共识。

9月16日，裕仁天皇私下找近卫文麿，谈到以当时的形势和德国订立军事同盟已是势在必行。接着，他又用悲切的语调询问近卫文麿："如果日本战败了该怎么办？你能和我共同承担失败的后果吗？"

近卫文麿闻言泪流满面。所以日本人的心里面其实也是有点数的，只是一旦发动战争，邪恶的脚步就停不下来了。

1940年9月27日，德国、日本、意大利在柏林签署《德意日三国同盟条约》。1940年11月，日本承认汪伪国民政府。罗斯福宣布，美国正考虑向国民政府提供1亿美元的巨额贷款。至此，美国和日本的关系已经趋向恶化，太平洋的局势开始严峻起来。

第四章

风暴的诞生

1935—1941 年苏德博弈

1941 年 6 月 22 日，苏德战争爆发。那么，他们是如何开战的呢？
一切还得从 6 年前说起。

1935 年冬天，国际局势风平浪静。但苏军中有一个人居安思危，
强烈要求进行一次特别军事演习，模拟德国进攻苏联后，战事会如何
进展。他就是苏联国防第一副人民委员、红军军需部部长、战时状态
武装力量总司令、大纵深理论的发明人之一、苏联元帅米哈伊尔·尼
古拉耶维奇·图哈切夫斯基。他认为，法国陆军无法抵挡德军，苏德
将有一战。

这里简单介绍一下大纵深理论。这是图哈切夫斯基和弗拉基米
尔·基里阿科维奇·特里安达菲洛夫两个军事理论家在 20 世纪 20 年
代末期提出的新战略。他们总结了一战以及苏波战争的经验教训，再
融合当下新式武器——坦克和飞机的特点而得出的。大纵深理论的主
要内容是，现代的军队已过于庞大，很难通过一次猛击就把它打垮，
所以进攻者需要实施一系列进攻战斗，每次战斗后都要快速切入敌人
后方，防御者还在集结的时候，就要立刻开始另一场战斗。这个打法
其实和德国的"闪电战"差不多。"天下武功唯快不破"，自古以来

人们都知道速度是取胜的关键，但碍于技术原因一直无法实现。自从有了飞机和坦克，一切都重设了。所以说，新技术催生了新的战争理论。1929年，大纵深理论被写入《1929年野战条例》。1935年，图哈切夫斯基出版了图书《大纵深战斗守则》。这个理论非常依赖部队的机械化，但好在斯大林慧眼识珠，早早地就支持这个理论。1928年，斯大林主导开启苏联第一个五年计划，资源向军工业倾斜。在全民努力之下，苏联的重工业取得了飞速进步。1929年，苏联造出了第一辆国产坦克。1932年，苏联组建了第一批机械化军队。这比古德里安组建装甲师早了足足3年，这时候的苏联从坦克技术到装甲部队的理念，都是全球的领先的。1944年，大纵深理论被苏联红军完美地执行。

　　时间回到1935年年底。刚开始，没多少人对图哈切夫斯基要求演习的提议有兴趣。但因为他的反复争取，最终还是被人们采纳了。演习分为红方和蓝方，红方代表苏军，蓝方代表德军。图哈切夫斯基被一致推选为德军总指挥。因为当年希特勒宣称有36个师，苏军策划团队假定动员比例为1：3，那德军会有100个师，所以差不多可以分配50～55个师给东线战场，再补充波兰的30个师——它是作为德军的盟友而存在的，一共80个师。蓝方的任务是歼灭普里皮亚季沼泽北边的苏军，夺取斯摩棱斯克，作为进攻莫斯科的出发地。但图哈切夫斯基对这个数量有异议，他说一战刚开始的时候德军有92个师，现在至少会多出一倍，得有200个师的总兵力，因为如果没有这个兵力优势，希特勒就不会开战，这样东线至少有80个师，如果加上波兰的部队就更多了。但图哈切夫斯基的申诉被驳回，然后他又要求以德军突然袭击的方式开启演习，但被亚历山大·伊里奇·叶戈罗夫再次驳回。叶戈罗夫说，德方必须在苏方主力完成集结以后才能出现在国境线上，不允许偷袭。图哈切夫斯基大失所望，演习的目的已失去了本意，不过是又一次老调重弹。

演习后，图哈切夫斯基要求看一下红方的计划进行复盘，但被拒绝了。他虽为元帅，但不是核心人员。1936年11月，图哈切夫斯基还在努力，他在中央执行委员会上再次表示，德军地面和空中力量的战备越来越强，苏军必须尽快在西部边境设防。斯大林对此很不高兴，因为这时候他正在派代表去柏林，讨论双方加强贸易的事务，图哈切夫斯基的这些言论明显是添乱。

1937年年初，图哈切夫斯基在总参学院讲课，继续推广他的大纵深理论。他告诉大家：未来的战争，从根本上说一定是"运动战"，"阵地战"只能是暂时的。这些就是图哈切夫斯基所能做的全部努力了。1937年6月，他被斯大林以德国间谍的罪名枪毙了。

1936年，西班牙内战成为各国最新武器的试验场。苏联和德国分别支持敌对的两边，正好打一场热身赛。苏联的坦克太薄，德国的反坦克炮太粗，实战效果不好，根本形不成突破，哪来什么大纵深小纵深的。加上之前那些坦克专家都不在人世了，所以苏军就很草率地否定了大纵深理论。

1939年7月，苏军决定剥离出摩托化步兵，撤掉坦克军，把坦克塞入10个机械化步兵师，还是让坦克去打辅助，不再作为单独的突击力量。这个理念比1936年的时候已经倒退了很多。

进入1939年之后，世界越来越不太平了。1939年8月，格奥尔吉·康斯坦丁诺维奇·朱可夫在遥远的远东打了一场诺门坎战役。对于苏联来说，这一仗有两个重大意义：第一，把日本打服了，它再也不敢北进；第二，打出了朱可夫的名气。在后来的卫国战争中，他将依次出现在列宁格勒（今圣彼得堡）、莫斯科和斯大林格勒（今伏尔加格勒），成为苏军第一猛将。

1939 年 8 月底，苏德签订《苏德互不侵犯条约》。苏联和德国不是在西班牙刚掰过手腕，怎么那么快就走到一起了呢？这又说来话长了。1939 年，希特勒撕毁《慕尼黑协定》，吞并捷克斯洛伐克。英法代表来到莫斯科，想和苏联结成同盟，一起对付德国。斯大林当然坐地起价，他说苏军要进入波兰，否则和德国不接壤，怎么和德国打仗？但波兰死活不肯，心想如果让你们进来了还能走？引"熊"入室啊，我不干。斯大林本来就不信英国和法国，1938 年签订《慕尼黑协定》的时候英、法甚至都没通知苏联。另外，苏德结盟，英德也就没法结盟了，否则夜长梦多，会招来麻烦。希特勒正准备进攻波兰，当然也是求之不得。两边一拍即合。公开部分是承认双方互不侵犯，暗地里则是划定了彼此在东欧的势力范围。德国占据波兰中西部，苏联控制波罗的海沿岸国家、波兰东部，以及罗马尼亚部分地区。其实，双方都不认为这份"友谊"可以地久天长，但都需要争取时间。德国需要时间先搞定波兰和法国，苏联需要时间从肃反运动中恢复元气。双方其实各怀鬼胎，但没想到，短短两年后大家就又针锋相对了。

英国和法国都看傻了，手足无措之际，德国突然于 9 月 1 日闪击波兰。高大威猛的波兰骑兵准备迎战，但他们看到的不是战马，而是黑压压的钢铁怪兽。两周后，波兰投降，苏军立刻出兵将布格河以东的波兰领土吞入苏联。其实，开战后希特勒就邀请斯大林从东路夹攻，因为希特勒不敢走太远，否则英法从西线突袭自己赶不回去。但斯大林迟迟没动，他也担心英法会出击，想先看看形势，等到波兰已经无力招架，才赶紧"下山摘桃"。1939 年 9 月底到 10 月初，苏联又继续行使密约赋予的权利，强迫爱沙尼亚、拉脱维亚和立陶宛签订互助条约，并且允许苏联建立海军和空军基地，斯大林把刚从波兰弄来的维尔纽斯转手送给立陶宛作为恩赐。

大概是斯大林觉得这一系列操作没有挑战性，开始对硬骨头下手了。11 月 30 日，苏联撕毁和赫尔辛基的互不侵犯条约，发起苏芬特别军事行动，结果由于太仓促，导致 44 师被围歼。一个进攻方，被一个防守方围歼了。斯大林枪毙了 44 师师长，然后又撤下了一大批高级军官，最后让谢苗·康斯坦丁诺维奇·铁木辛哥作为新的西北方面军司令，展开新一轮攻势。这一回的炮火非常猛烈，冲锋也更密集。在巨大的压力下，芬军总司令卡尔·古斯塔夫·埃米尔·曼纳海姆终于扛不住了。1941 年 3 月 13 日，双方签下停战协定，苏联获得部分战略要地，但也付出了巨大代价，伤亡共计 40 万人，损失 653 辆坦克。芬军这边伤亡不到 7 万人。这场苏芬特别军事行动中，苏联在全世界面前是丢人丢大了。看着苏军"拉胯"的表现，希特勒是又好气又好笑：这斯大林到底什么档次，居然敢和我煮酒论英雄？

苏德双方的"放题比赛"还没结束。4 月 9 日，德军突袭挪威。5 月 10 日，法国战役打响。5 月 14 日，荷兰投降。5 月 27 日，比利时投降。6 月 10 日，挪威投降。6 月 20 日，法国投降。要说比"饭量"，斯大林可不输希特勒。6 月，趁着兵荒马乱，苏联南方面军强行入侵罗马尼亚的比萨拉比亚。8 月，苏联完全吞并波罗的海三国，顺势把波罗的海的海军基地移到了加盟共和国爱沙尼亚的塔林。原则上说，苏联只是按照苏德密约办事。但当这些事真的一件一件办完了之后，希特勒又觉得心如芒刺了。他仔细一想，不太对劲啊，既然我们德国那么强，苏联又那么弱，为什么要给他们让出那么多利益呢？就苏联这水平，吃饭应该坐小孩那桌啊，我们和他签订什么条约？此时的希特勒已起歹念。

回来说苏联内部。苏芬特别军事行动之后，斯大林也发现不对劲，怎么现在连芬兰都打得这么费劲？得赶紧改革。1940年5月，斯大林咬着牙，把自己的好兄弟国防人民委员克利缅特·叶夫列莫维奇·伏罗希洛夫撤了下来，任命在苏芬战争后期表现良好的铁木辛哥，同时将其晋升为元帅。然后大幅度削弱了政委的权限，因为在苏芬战争中，很多政委借助肃反运动的余威，过于强势，让部队陷入了混乱。斯大林开始重新强化"一长制"，也就是加强军事首长的指挥权，毕竟打起仗来业务能力才是关键，政委实质上成了负责政治事务的副指挥员，这就比之前更合理一些。为了填补空出的岗位，6月开始，斯大林提拔了大量基层干部，甚至出现营长升旅长、团长升师长的事情，为了匹配这些职位，他又给一大批人提了军衔。例如，朱可夫被晋升为大将，伊凡·斯捷潘诺维奇·科涅夫、尼古拉·费多罗维奇·瓦图京、安德烈·伊万诺维奇·叶廖缅科、瓦西里·伊万诺维奇·崔可夫、瓦西里·丹尼洛维奇·索科洛夫斯基、普罗科菲·洛格维诺维奇·罗曼年科被晋升为中将，亚历山大·米哈伊洛维奇·华西列夫斯基被晋升为少将，他们都将在日后的卫国战争中大放异彩。

斯大林数来数去，觉得人数还是不够，于是又从监狱里提拔了一批，最著名的就是未来的苏联元帅康斯坦丁·康斯坦丁诺维奇·罗科索夫斯基和装甲坦克兵元帅帕维尔·阿列克谢耶维奇·罗特米斯特洛夫。他们不但获得释放，而且由上校晋升为少将。7月，斯大林批准成立了8个新的机械化军。自从图哈切夫斯基走了之后，苏军在开历史倒车的道路上已经狂奔 3 年了，现在看到法国战役中，德国坦克出尽风头，斯大林又悔又急，原来坦克的集中使用真的那么厉害。苏芬战争和法国战役中苏联和法国的"拉胯"表现，使得进度条一下子就顶不住了，看来和德国的决战似乎要提前到来了。

视线回到德国。前文说过，逼和英国的事情推进得不顺利，让希特勒把注意力转向苏联这边，但采取的方式是两手同时抓，一边进攻英国，一边准备攻打苏联。直到不列颠之战后期，希特勒才意识到，登陆英国是彻底没戏了，安心收拾苏联吧。从这时候开始，德国所有资源被秘密地转向东边。

此时，苏联内部当然也在紧锣密鼓地准备着。瓜分波兰之后，为了应对德国可能发动的进攻，总参作战局副局长亚历山大·米哈伊洛维奇·华西列夫斯基做了第一版方案，将防守重点放在普里皮亚季沼泽以北。他敏锐地指出，明斯克—斯摩棱斯克这条路就是最好的一条路了，德国人肯定会好好利用。但梅基里尔·阿法纳西耶维奇·列茨科夫当了总参谋长之后，根据斯大林的最新指示又做了调整，重心改到了普里皮亚季沼泽以南。因为斯大林太了解希特勒这个人了，他不是通常意义上的军人，也不是通常意义上的政客，他是个生意人，所以他的重点一定在乌克兰，甚至高加索，因为值钱的东西都在那里。因此德军的攻击重点自然也会在南边。斯大林为什么这么了解希特勒？因为他自己也是这样的人。到 1940 年 10 月，苏联在普里皮亚季沼泽以南布置了多达 8 个机械化军。

事实上，在巴巴罗萨计划中，德军一共 3 个集团军群，有 2 个都是在普里皮亚季沼泽北边。亚历山大·米哈伊洛维奇·华西列夫斯基猜对了，斯大林猜错了。但话说回来，其实，斯大林也没猜错，因为希特勒还真就是更想要乌克兰。只是斯大林过于超前了，他预测的是 1942 年的希特勒，而不是 1941 年的。在 1941 年，德军内部还有布劳希奇、哈尔德、冯·博克这一大堆传统军人，他们眼中只有决定性会战，那必须是莫斯科！所以从边境出发的时刻，希特勒还没有像后来那么疯狂，还是同意了他们的意见——以莫斯科为攻击重点。总之，这个点球，苏军扑错了方向。历史有时候雷同得让人震惊！1944 年，德军也面临一样的难题，那就是重点防守普里皮亚季沼泽以南还是以北，最终，德军也将防守重点放在了南边，但苏军也从北边下手，一箭穿心，这简直就是 1941 年的复刻，连名字和日期都完美致敬。"巴格拉季昂"对"巴巴罗萨"，6 月 22 日对 6 月 22 日。

1940 年 11 月，莫洛托夫访问柏林。斯大林让他装模作样地去问问，关于德军借道芬兰进入挪威，还有大批部队赶往罗马尼亚这两件事是什么意思？德国外交部部长约阿希姆·冯·里宾特洛甫说："老兄，你提的那些都是小事，最近我们想下一盘大棋，就是德意日，再加上苏联，我们一起结成一个托拉斯联盟，先打败英国，你们觉得怎么样？"斯大林不是特别感兴趣，他觉得投资回报率太高，有点像诈骗，所以这次谈判并没有什么实质性的进展。双方一边开记者招待会，宣布苏德友谊地久天长，一边继续暗暗较劲。因为现在的苏德，北起波罗的海，中到波兰，南到罗马尼亚，已经紧紧咬合在一起了，再也没有什么中间地带供双方缓冲。

12 月 8 日，希特勒终于在内部发布巴巴罗萨行动训令，苏德大战进入倒计时。与此同时，12 月底，全体苏军高层在莫斯科开会，之后又做了沙盘推演，假想敌自然还是德国。最后，斯大林围绕"科技强军、坦克强军"的主题做了总结发言，他说道："现代战争，将会是引擎的战争！"振聋发聩，气吞山河，全场爆发出雷鸣般的掌声。

斯大林确实不同于常人。进入1941年之后，表面上苏联对德国的态度更加友好了。1941年1月10日，苏德签署互利互通第二期经济协定，苏联向德国继续输送石油和粮食。斯大林想通过巩固和德国的关系，稳住敌人，他的所作所为，越来越像一个"面壁者"。手下都建议赶紧将工业向东部转移，否则万一开战就太被动了，但斯大林完全不同意，他说先不要动，谁也不知道这是为什么。

前面说了纵向的配置，是南重北轻。接下来说横向的布置。1941年春，新上任的总参谋长朱可夫，开始制订新的边境防御计划。1940年，原总参谋部做的方案是将主力部队仍然留在旧国境线内，那里已经有了大量的筑垒地域，也就是后来被称为"斯大林防线"的那条。这样防守严密，而且留出了一段空间作为弹性和机动。但斯大林反而不大中意"斯大林防线"，他说要御敌于国门之外。在当时那个环境下，统帅之意不可违，谁违谁就把命没。朱可夫大胆假设，小心求证，新的方案做好了，将部队铺满了新的苏德边境，从北至南设立五大军区：彼得格勒军区、波罗的海军区、西部军区、基辅军区和敖德萨军区。这个阵型极为靠前，看上去斗志满满，其实暗藏危机，正中以速度见长的德国队的下怀。

虽然做了很多准备，但斯大林并不相信战争会在1941年打响。最重要的一个因素就是，德国不应该主动将自己置入两线作战。但这一年早已流言四起。3月1日，美国驻苏大使提醒，说有情报表明，德国即将进攻苏联。4月3日，丘吉尔写信给斯大林，说有情报表明，德国即将进攻苏联，到了我们共同对抗德国的时候了。丘吉尔的信反而触动了斯大林的逆反心理，他认为这明显就是一次主动挑拨，想让苏联和德国撕咬起来帮英国解围。4月初，苏联的情报人员理查德·佐尔格从东京发回情报，说德国随时可能进攻苏联，而斯大林正在忙着更重要的事情。4月13日，《苏日中立条约》签订，苏联的远东迎来了安稳。

1941年5月6日，苏联驻德国武官发回密电，说德国即将进攻苏联，时间是5月14日。可以说，信息非常精准，因为巴巴罗萨计划原本定的日期就是5月15日。可是因为南斯拉夫政变了，希特勒不得不去镇压，所以进攻苏联的时间不得不推迟到了6月22日。因此，5月14日什么事都没发生。经过这一次假警报，斯大林有点烦了，你们这一惊一乍的都什么玩意儿，能不能不传谣、不信谣？话说德军进入南斯拉夫虽然拖慢了巴巴罗萨计划的进度，但也有一个意外的好处，就是掩护了部队往东边调动的目的，这看上去就合理多了。另外，德军在边境布兵，其实也不一定是要发起进攻，因为斯大林认为，希特勒屯兵也可能是为了预防苏联的突袭。虽然我不会这样想他，但你又怎么知道他不会这样想我呢？反正我们各自在对方心中也不是什么好人，这就叫作"猜疑链"。

所以，斯大林特别怕擦枪走火，突然引起误会。实际上那段时间一直有德国的侦察机在苏联境内飞来飞去采集阵地的信息，但斯大林明确下令不允许向他们开火，以免给德军提供了把柄。很少有人知道，在那么敏感的时期苏联还忠实地履行着经贸协定，一直到6月22日德军进攻前几个小时，苏联还有货运列车向德国境内驶去，简直讽刺至极。斯大林这个操作有点像"交岁币"的意思，就是既然我给了你物资，那你们还需要来抢吗？费这劲值得吗？德国入侵前的18个月内，苏联总计向德国提供了200万吨石油、14万吨锰、2.6万吨铬和大量其他物资。

斯大林千叮咛万嘱咐，要求边境各部队面对可能出现的冲突要克制。苏联不要开第一枪，至于那些进入苏联境内的法西斯分子，都将被绳之以法，大家不用担心。还法西斯分子，人家出动300多万的法西斯分子，谁抓谁啊？在斯大林的逻辑系统里，很显然希特勒就是在挑衅，是诱导苏联率先撕毁条约，这样苏联就成了侵略者，德国就占据了政治上的主动，我们可千万不能中计。至于英国和美国，就更是盼着苏德能打起来，当然天天煽风点火。其实苏军内部必然有人能看明白，但没人敢提，提了，就是在说统帅想错了。肃反运动之后，剩下的人只有两种：要么是真傻，要么是装傻。靠这些人，能校正斯大林的想法吗？用最流行的话说，此时的斯大林活在一个"信息茧房"里，手下每天给他推送的消息，都是他爱看的。当然，战争中后期斯大林痛定思痛，发愤图强，终成同辈政客中的佼佼者。但那都是后话，要分时期看历史人物，蠢人不是从头到尾都蠢，聪明人也不是从头到尾都聪明。苏军积极备战了十来年，战壕也挖了，坦克也造了，叛徒也杀了，演习也搞了，但到临门一脚反而不知道该怎么踢了。

敌军已黑云压城，自己还在反复权衡。6月21日深夜，德军已经明显在向边境移动了，铁木辛哥建议立刻向边境各军区发出警报，朱可夫写好了草稿，但斯大林持保留意见，说现在还太早，也许问题可以和平解决，我们可以发出简短的训令，指出德军可能做出挑衅的行动，但大家不能落入敌人的圈套，以免问题复杂化。所以，最后斯大林下发的指令是：一、不要理会德国人的挑衅；二、要动用全部力量应对德国人发动的突然袭击。斯大林说"以免问题复杂化"，但恐怕他才是"把问题复杂化"的人。这时候基层需要的是明确而具体的指令，这种模棱两可的训令没有意义，而且还要从军区一级一级往下传，这就更慢了。6月22日凌晨，在西部军区和基辅特别军区，几千架战斗机和轰炸机都整整齐齐地停在跑道上，它们很快就将从地球上消失。

把几百万部队布置在边境，还敢发起全军突袭。希特勒才是真正的艺高人胆大，这就是他专门针对斯大林打的牌，就是吃定了你在你们国内一呼百应，长年形成了"主角光环"。你自以为聪明吧，我给你来个聪明反被聪明误，看到底是谁了解谁。苏军眼睁睁地被德军打了一个"春天"，在全世界面前出尽了洋相。1941年6月22日凌晨3点，德军的第一颗炸弹终于落下，这场世纪大战之前的博弈，以希特勒的完胜而告终。

"面壁者斯大林，我是你的破壁人。"

第五章

铁壁莫斯科

1941 年莫斯科保卫战

　　我们把时间拨回 1940 年 12 月 18 日，就在这一天，巴巴罗萨计划被秘密敲定。这个计划堪称人类军事史上的奇葩，胃口之大让人毛骨悚然。此计划要求德军在交战初期就要在极短的时间内合围并歼灭上百万的苏军，然后快速前进。入冬之前，也就是 5 个月内，推进到阿尔汉格尔斯克—斯大林格勒一线，迅速抢占下苏联的欧洲部分。巴巴罗萨计划把德国的 500 万大军分成北、中、南三条线路，接下来介绍下这三条线路停靠的重要站点。北方集团军群，走一号线，沿波罗的海一路突进，终点站是列宁格勒；中央集团军群，走二号线，经过明斯克，到达斯摩棱斯克，终点站是莫斯科；南方集团军群走三号线，经过基辅、哈尔科夫，终点站是斯大林格勒。

　　为什么要分三路呢？几百万大军团在一起，直插莫斯科不行吗？实际上是不行的：第一，阵型太窄，不容易展开自己的力量；第二，苏联宽度太大，如果只管中间一路突入敌阵，那侧翼很快就会被攻击，所以只能是这样平推过去。军官团的观点一直都很明确，重点当然是莫斯科，直取苏联心脏。按照西方的军事传统，打仗就要打"决定性会战"，光明正大，畅快淋漓。但希特勒可不是传统意义上的军人，他还身兼多重角色，要考虑的事情比较多。在希特勒心里，北线和南线都比莫斯科重要，北边是波罗的海，拿下来苏联就断了外援（至少在某种程度上），列宁格勒是布尔什维克的发源地，也是极具政治意义的城市。南边的乌克兰是工业区和粮仓，拿下了顿巴斯地区，德国如虎添翼，苏联则被釜底抽薪，此消彼长，战局将大为有利。如果能再往前深入，就是高加索的石油，那更是价值连城。这才是希特勒想要的。计划制定之后，大家都比较满意，即使察觉到彼此的不一致也没有过多的想法。在资源充足的情况下，是体现不出任何分歧的，只有到了不得不取舍的时刻，才能看出各自真正在乎的是什么。

战争初期，在波罗的海地区，苏联21个师对阵德军34个师。在白俄罗斯方面，苏联26个师对德军36个师。在乌克兰方面，苏联45个师对德军57个师。可以看出，任何一个方向，苏军的人数都没有优势。我们前文已经说到，6月22日凌晨，德军的轰炸突然开始。其实开战后，苏联空军的战斗机不断起飞，进行了顽强的抵抗，但德军出动的架次实在是太频繁，苏联空军的燃料和弹药准备都不充分，无法适应德军这种一上来就直达"决战级别"的节奏，战斗机很快就因燃油不够飞不起来了，甚至有很多飞机在跑道上就直接被炸掉。6月22日开战第一天，苏联空军就损失了超过1100架飞机，被完全击溃。

6月22日凌晨4时15分，德国坦克部队开始全面突击。赫尔曼·霍特的第3装甲集团军很快就突入到了立陶宛区边境。苏军在苏德边境的布列斯特要塞（原属波兰）顽强抵抗，但是狡猾的古德里安绕过了这个"钉子户"，快速向明斯克前进。这样实际上苏联的第一道防线很快就被突破了。这个时期苏军的坦克部队多次反击，但是薄皮坦克 T-26 被德军的 3 型和 4 型碾压，成了大量"送人头"的行为。在波罗的海地区，苏军的中型坦克 T-34 和重型坦克 KV 投入战斗。这是德军第一次见到这两个"大型怪物"，之前的情报系统对它们一无所知。苏联坦克反过来又碾压了德军的 3 型和 4 型，可惜数量不够，而且补给不足，很多是燃料用尽，停在路上。可见，苏联明显对战争的强度准备不足。古德里安的第 2 装甲集团军已经接近明斯克，西线的部队面临被合围的危险，苏军只得开始全面撤退，但为时已晚，德军已经基本切断了后路，也就是比亚韦斯托克往明斯克撤退的道路。因为南面就是沼泽和森林，苏军不得不在一片瓶颈区奋力突围。虽然有很多人从森林逃了回去，但最终仍然有 27 万人在明斯克附近被围歼。两个前锋赫尔曼·霍特和古德里安继续往前，再次展开钳形攻势，紧接着在斯摩棱斯克又围歼了 30 万苏军。德军摩拳擦掌，准备向着莫斯科做最后的冲刺，但就在这时，顾虑重重的希特勒下了一个让手下们非常不理解的命令，他让霍特和古德里安的坦克部队离开中央，向两翼增援。

如果我们把视线拉远一点就会发现，此时德军的中央集团军群特别突前，毕竟一共 4 个装甲集团军，他们占了两个，所以火力极强。然而左右两翼却进展缓慢，北边打不动了，切不断列宁格勒和内地的联系。南边本来苏联人就多，而且在第一道防线也没有被合围，只是被击退，所以实力还在。8 月 21 日，希特勒让霍特的坦克部队往北支援，北方集团军群古德里安被要求往南去包抄在乌克兰的苏军。古德里安火冒三丈，专门乘飞机回总部面见元首。

古德里安问："为什么现在不直取莫斯科，胜利不就在前方了吗？"

希特勒反问："你知道我们为什么跑那么远去和苏联人打仗？当然是为了资源嘛！当前有乌克兰万亩良田放在眼前我们不要，而去'死磕'一个莫斯科，咱们是不是疯了？"

这次会谈之后，希特勒对手下说："我的将军们根本就不懂军事经济学！"

那希特勒这个指令是否合理呢？这在历史上也是争议极大的。莫斯科确实重要，先抛开巨大的政治意义不谈，光说在交通上的价值，就已是战略级的地位了。当时苏联的铁路网络全部是以莫斯科为枢纽的，它就是不折不扣的心脏。如果挖掉苏联的心脏，按当时的战局发展，苏联就会被分割成南北两片，互相不联通。当然东边还有乌拉尔工业区，可以继续搞生产，但无疑会非常被动，这仗就不知道要打到什么时候了。所以，军官团们从一开始，就把目标定为莫斯科，认定打下了莫斯科，苏德战争就大功告成了。

但希特勒考虑得比较多。除了刚才提到的要尽早锁定乌克兰的宝贵资源之外，还有一个重要原因就是南线侧翼的压力。在苏德战争初期，苏军有一个特色，这是当时全世界任何军队里都找不到的，那就是苏军特别喜欢"反突击"。苏军6月刚被德军捶打开始就不停地反攻，这倒不是苏军有多勇猛，而是因为苏军战前的战争计划都是围绕"进攻"而制订的，要"御敌于国门之外"。按照斯大林的意思，恨不得是昨天被突破了，今天立刻反击回去。但当时苏军的战备非常差，这种频繁的反攻实际上使自己的力量损耗得非常严重，这时候僵化地去执行对攻并非最好的选择。况且苏军缺乏战斗经验，军官能力也很弱。德军的战斗力却很强，所以，对苏军来说，最好的方法还是坚决地边打边退，利用好自己国土纵深的优势。不过如此频繁的反击也带来了一个好处，就是让希特勒有所忌惮，苏联人也不是任人宰割的。所以，如果南线 60 万苏军不解决掉的话，那么在中央集团军群向莫斯科突进的过程当中，这批苏军必定会从德军的侧翼对他们进行反突击。德军又哪里能那么轻易地往前突进呢？你不消灭他们，他们也绝不会乖乖地缩在防线里，而是会迎着你往前冲的，所以希特勒认为必须把基辅搞定，再去冲击莫斯科。如果没搞定基辅的话，莫斯科是肯定打不下来的。

事实上，在古德里安的装甲部队南下之后，斯摩棱斯克以东的苏军，真的对德军的防御阵地发起了多轮冲击，和之前一样，苏军损伤巨大。换句话说，德军刚好通过一个"顿挫"，又引来了苏军自己撞在钢板上。如果没有这个"顿挫"的话，苏军就不得不在中路进入防守，也就不会主动损耗那么多兵力，这些兵力德军终究要去攻克。所以说，即便古德里安的部队不是南下去围歼驻守基辅的苏军，而是一鼓作气直冲莫斯科，也未必就能将其攻克。

回到苏联这边，第聂伯河沿岸的防守非常坚固，但可惜克莱斯特的第 1 装甲集团军没从正面强攻，反而是绕到了防守比较弱的南边，突破到了河对岸，从侧后方绕了过来。同时，古德里安的第 2 装甲集团军也从北边包抄过来，整个乌克兰地区的 70 万苏军面临被合围的危险。早在古德里安包抄之前，总参谋长朱可夫就主张撤退了，但斯大林要求坚守。斯大林主要是担心军队在撤退中溃败，因为之前的乌曼战役已经发生过类似的残局了。这个担忧当然也有一定的道理，兵败如山倒，败势一旦生成，后果不堪设想。但是在那个时期，从基辅撤退肯定还是比坚守强。终于，朱可夫和斯大林针对这件事争了起来。朱可夫也发了脾气，说如果你真的觉得我不懂业务，可以把我撤职！斯大林让他先出去冷静一下。于是朱可夫出去了，才过了5分钟又被叫进来。斯大林说，现在我正式通知你，你被撤职了。

于是，朱可夫就被下放到前线的预备队方面军当司令去了。后来他指挥的叶利尼亚突出部反击战，是这个阶段苏军唯一大胜的战役。9月，朱可夫又被派往列宁格勒支援，10月又被叫回莫斯科支援，成为当年全苏联第一英雄。第一次世界大战中，人们挖的每一条战壕都是管用的，但是二战中挖的战壕，有相当一部分最后都没派上用场，因为进攻方的机动能力大大增强了。例如，德军的第1装甲集团军沿着之前攻占的桥头堡绕到南边，冒雨穿越第聂伯河，和古德里安会师于洛赫维察。虽然基辅的正面防守很坚固，但对方从后面上来就是另一回事了。这时苏军才全线撤退，但为时已晚，苏联的两个方面军已有53万人被全面合围。基辅围歼战，一直打到9月底，最后只有不到2万人成功突围，成了人类历史上规模最大的围歼战。回到中路，8月中旬到9月中旬，斯摩棱斯克附近的战斗一直在继续。因为知道德军此时没有主力坦克部队，苏军发起了多次反击，虽然伤亡惨重，但是也大大消耗了德军，加上北边列宁格勒的顽强防守和耗时将近2个月的基辅战役，巴巴罗萨计划已经是严重滞后了，德军不得不调整目标，希望至少能在1941年年底拿下莫斯科。

德军从北边调回了第3装甲集团军，再调来原本属于北方集团军群的艾里希·霍普纳的第4装甲集团军，再加上古德里安的第2装甲集团军，3个装甲集团军齐聚一堂。9月30日，冯·博克指挥的中央集团军群集结了180万人、1700辆坦克和1400架飞机，对莫斯科发起了代号为"台风"的全面进攻。战争刚刚开始，古德里安就一马当先地冲了出去，一路势如破竹，所向披靡。他没有按照苏军的预料进攻布良斯克，而是从更南端的诺夫哥罗德方向突进。两天以后他抵达奥廖尔，又奔向莫斯科南面重要据点——图拉。这时候他的对手出现了。苏军的第4坦克旅从斯大林格勒赶到，指挥官是未来的装甲兵元帅——米哈伊尔·叶菲莫维奇·卡图科夫。这个旅有90辆新型坦克T-34，因为数量落后于敌人，卡图科夫决定使用坦克伏击战术，就是和步兵类似，先挖出一个掩体，把坦克悄悄藏进去，只露出一个炮台。虽然路子有点野，但效果极佳。德军怎么也想象不到，坦克还能这么使用。因此，经常出现德军坦克纵队被掐头、击尾、一锅端的场面。这场漂亮的伏击战挡住了古德里安的脚步，稳住了莫斯科南侧的防御。实际上，在围绕莫斯科的所有方向上，早就开始了全军反坦克大行动，所谓的"闪击战"已经失败了。当苏军专门针对德国的坦克进攻开始防御，他们必然就将步履维艰。距离莫斯科120千米的"莫扎伊斯克防线"是苏联第一条专门反坦克的防线，有反坦克雷、反坦克壕，还有反坦克炮、反坦克堡，这些都给德国宝贵的坦克部队造成了重大的损失。即便如此，德军还是在维亚济马和布良斯克地区再次包围了防守部队，一共58万苏军被围，最终只有8.5万人突围成功。德军正准备向莫斯科发起最后冲刺的时候，雨季到了，坦克的噩梦也来了。二战是人类历史上第一次大规模的机械化战争，之前可能谁也没有预料到泥泞的道路对机械化部队会产生致命的影响。在这种情况下，前进已经很困难，突击进攻更不可能了，这就给苏联方面的防守准备争取了时间。10月中旬，理查德·佐尔格从东京发来密电："日美关系已经恶化，日本短时间内不可能进犯苏联。"那太好了，苏联的压力陡然失去。几十万远东部队立刻出发，坐着火车唱着歌，通通被拉回莫斯科，防守力量瞬间增强了。

当时，德国利用装甲部队的钳形攻势，已经完成了4次大规模合围战，分别为明斯克战役、斯摩棱斯克战役、基辅战役、维亚济马—布良斯克战役，现在苏军的新部队还在源源不断地补充过来。

那为啥感觉打不光苏军呢？这就是德国情报部门的又一次重大失误，因为他们小看了苏联。虽然苏联当时服役的军队人数不算很多，但有大量参加过军训的人民，他们相当于早就过了"小路考"的水平，再练两下立刻能上路。为什么一启动全国总动员就能拉出那么多部队？因为他们是全民皆兵！再说生产，苏联的工厂都有两个身份，平时是普通工厂，一到战时立刻可以民用转军用，基本都是无缝衔接。工厂的工人都是全员没日没夜地干，还包括妇女和儿童。这个生产能力德国人是无法想象的。

11月中旬，雨终于停了，但气温骤降。古德里安勉强突破了图拉，又被一支骑兵部队挡住了。中路的艾里希·霍普纳也步履维艰，就像是被冰封住了脚步一样。据说在11月30日，艾里希·霍普纳的一个工程兵营已经到了离莫斯科城8千米的地方，但是他们很快就被全歼了。这个时期，德军也确实被冻得够呛，某些单位甚至高达70%的人都出现了冻伤。本来德国准备了过冬的装备，后方有大批的毛毯、皮毛大衣、皮夹克等御寒用品，但问题是这些装备都堆在华沙火车站，因为运力不足无法送达。8月到10月前线正打得飞起，必须天天不停地运送弹药和食物上去，至于毛毯、皮夹克、手套这些保暖物品，火车上实在是没空间放了，只能先排队。最后排到11月和12月，哪怕前线已经是满地冻死骨了，过冬物资还是运不上去。12月5日，德军的进攻全面停止。自从"台风行动"开始以来，德军已经损失了20万人、800多架飞机和700多辆坦克，但基本上连莫斯科的边儿都没挨到，这样耗下去已经没有意义了。冯·博克向总参谋长哈尔德汇报，我们已经山穷水尽了。12月6日，苏军的反击全面开始，德军被迫后撤。截止到12月16日，苏军已经连续解放了3座城市，德军的包围圈被彻底打破。这时，希特勒要求前面顶住，一步也不能退，但是前线确实顶不住了，一直败退。希特勒一下子撤掉了总部的总参谋长哈尔德、陆军总司令布劳希奇、前线的中央集团军司令博克、第4装甲集团军司令艾里希·霍普纳和第2装甲集团军司令古德里安。希特勒亲自挂帅陆军总司令。1942年，一些更听话的军官上尉补充上位，但是业务能力和第一批相比，那肯定还是差很多的。不过，希特勒强硬到底的态度也确实起到了作用，德军稳住了阵线，而斯大林则过于乐观地估计了形势，苏军盲目地冒进也给自己造成了巨大的伤亡。

至此，苏德战争的第一回合结束，双方鸣金收兵。德军利用先发优势，抢下大量领土，但因为大大低估了苏军的兵力和意志，未能实现之前的预定目标。稍作整顿后，双方的生死拼杀，将继续进行。

第六章

倔强的要塞

1941—1942 年克里米亚战役

　　1941 年 9 月 12 日，刚被调到列宁格勒方向的第 56 装甲军军长曼施坦因，收到一个奇怪的指令，即加入南方集团军群，接任第 11 集团军司令。希特勒这么大动干戈，到底是为何？

　　原来在 7 月 15 日，苏军轰炸机从塞瓦斯托波尔起飞，偷袭了一次罗马尼亚油田，德军损失惨重。希特勒意识到克里米亚和罗马尼亚原来近在咫尺，之前的计划居然没把克里米亚规划进去，看来必须一并拿下。于是南方集团军群就多了一个任务——攻占克里米亚半岛。负责这个任务的就是第 11 集团军，9 月初，他们在别列斯拉夫强渡第聂伯河，进入今天赫尔松州这个位置，已经到了进军克里米亚的出发地了。箭在弦上之际，集团军司令的飞机刚好迫降到雷区，"砰"的一声，被炸得粉身碎骨。希特勒直接把曼施坦因调过来顶上。虽然这时候他还只是一个步兵上将，但希特勒心里是有数的，这种高难度任务，必须得让曼施坦因上。

　　任务的难度确实很高。1941 年，德军整体的问题就是什么都想要，既要列宁格勒，又要莫斯科，还要乌克兰。考核指标层层下发到每支部队，如第 11 集团军当前的任务有两个：一是攻占罗斯托夫；二是攻占塞瓦斯托波尔。两个任务完全就不是一个方向上的事。9月17日，曼施坦因上任，他简单研究了一下，觉得这两个目标无法同时实现，就改成了先突袭克里米亚，夺取塞瓦斯托波尔要塞，再打罗斯托夫。

我们简单分析一下。罗斯托夫当然很重要，它是4条铁路线的交会地，是进入高加索的必经之地。如果能尽快突进到这里，对整个南方集团军群就太有利了，说不定提前半年就冲进高加索搞石油了。但是这和克里米亚比，还是小巫见大巫了。克里米亚半岛如同一颗"黑珍珠"，控制了克里米亚，就能控制黑海的航运，而且还有很大机会把"骑墙派"土耳其拉过来，那就连通了中东和欧洲，石油可就不愁了，等于直接"开挂"。德国可以吆五喝六、为所欲为地完成希特勒的终极梦想。但现实中的克里米亚还在苏联人那里，起飞的轰炸机还反过来威胁着罗马尼亚的油田。这梦醒时分可真是残酷万分，所以克里米亚更重要。曼施坦因想得很清楚，上面嘴上说都想要，内心其实还是有先后的。如果要做取舍，这个轻重就只能自己揣测了，否则现在当乖乖仔，将来还是要做"背锅侠"。

话说回来，那段时间斯大林都那么焦头烂额了，还要派轰炸机去"问候"希特勒，还真是一步好棋。一来确实可以破坏德军的补给，二来也是引诱希特勒赶紧去进攻克里米亚，这样可以帮莫斯科吸引点火力，否则那么华丽的一个大要塞不是白修了？

事实上，塞瓦斯托波尔确实不好打。先不说要塞有多坚固，光是想进克里米亚半岛就够费劲的。虽然克里米亚半岛看起来很大，但是它和乌克兰的接壤处恰恰又是极细的。半岛和大陆之间是盐碱沼泽地，走不了人，也开不了船。东边那个走廊就几百米宽，只能修一条铁路，这条路线叫作琼加尔大桥；西边的地带叫作彼列科普地峡，但也只有 6000 米宽，分明就是"一夫当关，万夫莫开"的存在。这个彼列科普地峡上还有一道著名的"鞑靼壕沟"，是几百年前克里木汗国抵挡俄国人用的，有足足 15 米深，现在正好用来挡坦克。不过，曼施坦因的第 11 集团军没有坦克。碰上这种局面，哪怕是全球第一的战略大师也没有什么好办法，绕不过去，只能狭路相逢勇者胜了。

9 月 24 日，德军进攻开始，苏军据险死守。战争初期的德军确实很能打，血战两天后，冲过"鞑靼壕沟"，9 月 29 日，突破此区域的纵深防线进入开阔地。苏军伤亡惨重，光被俘的就有 1 万多人，剩下的撤往后面的伊顺地峡。这里又是窄窄的三条小道，关关难过关关过，继续冲吧，但就在此刻，后院起火了。因为曼施坦因把好的装备都用来攻坚了，在自己侧后方的诺盖草原只放置了以罗马尼亚第 3 集团军为主的防御力量。苏军眼疾手快地发起反击，组织第 9 和第 18集团军的兵力迅速压上，打得对方溃不成军。眼看要被断后路，曼施坦因只能将马上就要进入克里米亚的部队抽调回去堵窟窿，这样就无法继续推进了。曼施坦因被"卡脖子"了，处境十分尴尬。苏军这一冲，自己的侧后方也弱了。德军也眼疾手快地发起反击，克莱斯特的第 1 装甲集团军从扎波罗热出发，以极高的机动性一路向南直扑亚速海，又抄了苏军两个集团军的后路。从 10 月 5 日激战到 10 月 10 日，苏军遭遇灭顶之灾，在马里乌波尔和别尔江斯克之间的区域，苏军第18 集团军几乎被团灭，集团军司令阵亡，6.5 万人被俘。这时，德军最新的命令也到了，进攻罗斯托夫的任务转由第 1 装甲集团军负责，而第 11 集团军只需全力进攻克里米亚。

曼施坦因终于可以回过头来继续冲击伊顺地峡了，但此一时彼一时，苏军的兵力也加强了。10 月 16 日，滨海集团军司令伊万·叶菲莫维奇·彼得罗夫带领滨海集团军从敖德萨撤军，他们已经和罗马尼亚第 4 集团军奋战多日，现在奉命主动撤离。在黑海舰队的掩护下，这场转移瞒天过海，大获成功，将近 8 万人通过 37 艘运输船和军舰，被运到塞瓦斯托波尔，堪称一次"简装版"的敦刻尔克大撤退。然后，他们强行军赶到了伊顺前线。10 月 18 日凌晨，德军猛烈的炮击开始，但炮击对摧毁防线用处不够大，因为地上的杂物太多了。在这片狭窄的区域内，德军步兵接下来将依次体验无数环环相扣的铁丝网、远程操控的喷火器、能屏蔽探测的木盒装地雷、半蹲在坑里的坦克、由电路引爆的水雷、犬牙交错的碉堡等。此外，苏军在这个区域还有制空权。战争初期的德军战斗工兵的素质真的很高，他们顶着枪炮，一米接着一米，顽强地打扫着这片"恶魔农场"。德军虽然没有坦克，但还有一个突击炮营，20 辆突击炮发挥了重要作用，定点拔除了很多工事。战斗持续了整整 8 天 8 夜，曼施坦因付出了巨大的伤亡之后，终于粉碎了滨海集团军的防守，打开了通往克里米亚的通道。

苏军往东南和西南两个方向溃退，如果这些苏军全部缩回要塞，那接下来又有麻烦了。曼施坦因想要追上苏军谈何容易。刚才说了，他手上别说装甲师了，连一辆正规坦克都没有。不过这个难不倒深谙人性的曼施坦因，10 月 28 日，他发起了一次光荣先遣队全军大征集，很快由若干德国摩托车侦察兵、若干罗马尼亚摩托车侦察兵等组成的一支"简装版"装甲旅就集结完毕了。曼施坦因指了指地图上一个点说，你们先冲到那里，给我占住，等待大部队跟上。那个点就是克里米亚的交通枢纽——辛菲罗波尔。

11 月 1 日，这支"简装版"装甲旅突击夺取辛菲罗波尔，苏军顿时一片混乱，因为没有方向撤退了。由此可见，莫斯科如果失守，后果会有多严重。德军后续部队陆续赶来，很快就冲向克里米亚最南端的雅尔塔，这样辛菲罗波尔以东的苏军都跑不掉了。11月3日，德军攻占克里米亚东侧的费奥多西亚港，11月15日，德军攻占全部刻赤半岛，到11月16日，除了塞瓦斯托波尔要塞区域，德军占领全部克里米亚，并歼灭和俘虏了大量苏军，而且苏军逃入要塞的部队也失去所有重装备。这次追击战，曼施坦因自称俘虏了10万人，那是相当骄傲。其实从11月11日开始，曼施坦因已经急不可耐地开始进攻塞瓦斯托尔要塞了，但他进行了"选择性回忆"，或者说是"选择性遗忘"，因为这一轮尝试中德军被苏联的巨型岸防炮，再加上黑海舰队的舰炮叠加轰击，伤亡3000多人，而且毫无进展。吃瘪之后，曼施坦因也觉得自己轻敌了，经过连续几次大战，第11集团军已经伤亡2.6万人了，再加上弹药奇缺，于是曼施坦因决定休战，好好准备几天。但是屋漏偏逢连夜雨，这时碰到雨季了，所有的道路都泥泞不堪，而且物资还要优先供给进攻莫斯科的部队，最后他只能把进攻的日期从11月27日硬生生改到12月17日。时间推迟给他们带来的困境有两个：第一个是严寒，第二个是苏军日益加强的防守。

先前重创德军的大规模杀伤性武器是30号炮台305毫米的加大海防炮，它被德国人叫作"马克西姆·高尔基1号"。南端还有一座35号炮台，也称"马克西姆·高尔基2号"。德国人给每座炮台都取了响亮的昵称，有"莫洛托夫"，有"西伯利亚"，有"伏尔加"，有"乌拉尔"，还有一个很出名的叫作"斯大林堡"，这是一座装有4门76毫米炮的防空炮台。那两台高尔基海景炮台的射程达到44千米，装甲厚20厘米，炮台只露出个大脑袋，其他如弹药库、指挥室、发电站及输送弹药的铁轨，全部藏在地下。

从 11 月 8 日开始，最高统帅部任命滨海集团军司令斯坦尼斯拉夫·彼得罗夫少将为塞瓦斯托波尔要塞总负责人。当时的情况非常混乱，幸好斯坦尼斯拉夫·彼得罗夫是一个组织能力非常强的人。他将陆军和海军的各路溃兵，以及市民志愿者，还有劳工都团结在一起，在一个月内带领他们挖出了大量掩体和坑道，新埋了 4.5 万个地雷，还有很多掩埋式火焰喷射器，以及大量铁丝网。他们可以从塞瓦斯托波尔港口得到弹药和建材补给，所以德军的总攻时间拖延对苏军大为有利。最终，斯坦尼斯拉夫·彼得罗夫给塞瓦斯托波尔要塞抢修出 3 道防线，分了 4 个防区，由不同的将领负责。因为雅尔塔公路可以给交通提供便利，所以斯坦尼斯拉夫·彼得罗夫将正东方向的区域作为防守重点。

没想到曼施坦因反其道而行之，命令主力部队和所有重炮部队直扑北边的谢维尔纳亚湾。他是一个不按常理出牌的人，有能力根据不同环境随时调整战术。他认为如果拿下谢维尔纳亚湾，塞瓦斯托波尔港口就停摆了，因此要打蛇打七寸。到 12 月，德军陆续到位 1 门 355 毫米 M1 榴弹炮、4 门 305 毫米臼炮、8 门 240 毫米榴弹炮、36 门 149 毫米野战榴弹炮。1941 年 12 月 17 日凌晨，总攻开始。所有重炮全部开火，加上大批的斯图卡俯冲轰炸机的轮番投弹，北部防线一片火海。塞瓦斯托波尔要塞各门火炮也立刻回射，双方展开对轰。德军 54 军的步兵突击队冒死冲锋。他们的流程是先投大批烟幕弹，然后用爆破筒爆破铁丝网，利用缺口派掷弹兵扔出一批木柄手榴弹，压制苏军阵地，最后突袭部队起跑冲向火力点。苏军对这种德式流水线不太适应，很多前线支撑点迅速陷落。斯坦尼斯拉夫·彼得罗夫只好立刻投入了全部预备队。

但德军也越打越难打。从第二天开始，就在一处叫作"意大利"的高地反复拉锯。12月20日夜里，苏联海军步兵旅援军3500人抵达塞瓦斯托波尔要塞；12月22日，黑海舰队也加入战斗，德军更加步履维艰。在付出了巨大代价之后，德军终于在12月23日，占据了外围防线，但离核心区域仍然很远。要塞的各门炮台还在一发又一发地射向德军。德军开始暂停进攻就地整补。同一天，苏军援兵再次跟上，345步兵师1.1万人抵达。德国人很快就会知道，这种"水路添油大法"，就是斯大林格勒战役的彩排。圣诞节那天，德军再次进攻，眼看斯大林堡近在眼前，可总是差一口气拿不下来。德军的炮火和飞机支援越来越少，唯一可以依靠的就是那批突击炮。12月28日凌晨，苏军又有1万名援军到达塞瓦斯托波尔要塞，德军的飞机太少了根本封锁不了黑海。在如此不利的情况下，12月28日早晨，曼施坦因居然下令，要求在元旦前拿下要塞，这几乎是自杀式的冲锋。哪次"一将功成"的背后没有"万骨枯"。曼施坦因知道，士兵们都已在莫斯科溃退，如果这几天真的能夺下要塞，那自己就必是1941年全军的模范了。

血战持续到12月29日上午，德军终于冲入斯大林堡外围，已经穿过铁丝网准备炸碉堡了。如果拿下这个阵地，通往谢维尔纳亚湾的道路就将畅通无阻，但就在此刻，一轮舰炮呼啸而来，德军遭遇灭顶之灾。同一时间，曼施坦因得知苏军在东边的费奥多西亚港口登陆，自己后路被抄。但他也只是让助攻的30军掉头往刻赤方向移动，北边主攻的54军继续猛攻。来吧！你抄你的后路，我奔我的前程。一直到12月31日早晨，进攻已经没有任何希望了，他才下令停止。德军54军彻底失败，这一轮围攻伤亡达到7千多人，占总人数的一半。

苏军也损失惨重，伤亡1.1万人，被俘6000人，两座305毫米巨炮的炮弹直接打空。苏联人终于可以喘息一会儿了，而曼施坦因的麻烦事，才刚刚开始。

我们把时间拨回12月初。在莫斯科附近发起冬季反攻仅仅两天后，斯大林又有新命令："银装素裹，优势在我，刻赤半岛冲一波，解放塞瓦斯托波！"这是要"围魏救赵"了。克里米亚半岛还真是天生的四战之地，南北通透。其除了北边连接乌克兰的前面，东边还有个后门，就是刻赤半岛，连着高加索的塔曼半岛。所谓"连着"意思是距离近，实际上还是被海隔开的。2018年，俄罗斯建造了刻赤大桥，终于把克里米亚和俄罗斯大陆彻底连起来了。在2022年俄乌冲突期间，刻赤大桥也经常在新闻中被提及，成了一个反复被乌克兰攻击的软肋。当然，1941年还没有桥，所以需要登陆作战。这个方案由高加索方面军参谋长费多尔·伊万诺维奇·托尔布欣负责，他策划了一个复杂程度堪比中途岛战役的作战计划：7500人兵分6路在刻赤半岛登陆。这还只是第一批次，后面还有第二批次。

1941年12月25日夜，行动开始。当天天气非常恶劣，狂风暴雨呼啸而来。登陆舰队由亚速海舰队的炮舰、运输船及很多民用的拖船、渔船、捕鲸船组成，苏军这也可以算是一次"简装版"的"诺曼底登陆"。北边的几个登陆点没什么防守，但是因为很多人只能涉水上岸，出现大量的溺亡和冻晕现象，一共有3000多人在这里活着登陆。比较惨的是刻赤镇南边的登陆场。德军在这个滩头有防备，苏军遭遇迎头痛击。苏军连冲两波全部被团灭。到下午，第三波登陆才勉强占领据点，伤亡非常惊人，5200人登陆，最终活下来的只有2100多人。接下来更难办，苏军的这次登陆过于草率，完全没有飞机和舰炮支援，刚好天气又持续恶化，无法再有后续补给。各处登陆点没推进多远，就遭遇了飞机轰炸和步兵的阻击。这些苏军既无重武器又无火力支援，在寒风中瑟瑟发抖，只能缩回滩头堡，等待援军。

反击他们的是德军42军的46师，这是唯一留在刻赤半岛的德军，集团军主力全去要塞周围了。接下来几天，46师几乎完全击溃了这些苏军，光抓获的俘虏就超过1700人。如果暴风雨再持续1天的话，刻赤的登陆就彻底失败了。但12月28日开始，天气突然转晴。第二波苏军立刻出发，这次是从黑海港口新罗西斯克出发，直插刻赤半岛根部的费奥多西亚港。这里的德军刚刚调走一个营进入刻赤反击，此处只有两个炮兵营。苏军的舰队有2艘轻巡洋舰、8艘驱逐舰、14艘运输船，还有若干登陆艇。12月29日凌晨，舰队抵达，德军被瞬间击溃。本来这里就是海港，舰队直接靠岸，当天清晨就放下来4.5万人。德军46师一共才大几千人，眼看就要被断后路了。12月29日上午，42军军长汉斯·冯·斯波内科伯爵当机立断，命令46师和敌人脱离接触赶紧返回，立刻撤到巴尔巴赫地峡以西，建立阻击阵地等待援军，同时发报请求曼施坦因的批准。曼施坦因回电不准撤退，援军已经在路上了。但汉斯·冯·斯波内科根本就收不到这封电报，因为他已经抢先把电台砸了！这都是什么操作啊？你都不准备回复你请示什么呢？然后46师冒着暴风雪夺路狂奔，12月31日夜里，苏军还在德军撤退的路上搞了一次空投，扔下来一个250人的空降营，也不知道这点人能管什么用？苏军这个"诺曼底登陆"剧本杀倒是玩得挺开心。最终，德军的46师还是撤了出来，没有大损失。虽然汉斯·冯·斯波内科军长救了手下的命，但没救得了自己。他被曼施坦因当场撤职，被关押到1944年，最后惨遭枪决。

1942 年 1 月 1 日开始，德军的援军赶到，重夺费奥多西亚，然后在卡米希里峡谷建立了防线，和苏军形成对峙。从这一天开始，刻赤的战斗从未停止。斯大林新成立了克里米亚方面军，下辖要塞的滨海集团军，还有刻赤半岛的 51、44、47 三个集团军。从 1942 年 1 月到 4 月，在斯大林的催促下，克里米亚方面军咬牙发起了 4 次大规模进攻，由于地形易守难攻，被曼施坦因一一化解。这 4 个月，苏军共计伤亡 35 万人，而德军的损失只有 2.4 万多人。战争头两年的苏军确实不太擅长进攻，应该节省体力才对。

　　春暖花开，又轮到德军走棋了。1942 年 3 月底，"蓝色方案"被敲定，德军本年度的攻击重点定为南线。这个我们在第七章会详细介绍。现在希特勒要求曼施坦因把克里米亚先搞定，否则就如芒刺在背，没法放开手脚冲击顿巴斯和高加索。曼施坦因则要求希特勒给他飞机、坦克和大炮，否则实在是搞不定。希特勒大笔一挥，给曼施坦因增派了 22 装甲师，还有第 8 航空军，还有很多超级重炮。曼施坦因手上终于有点东西了。在前几个月的混战之后，刻赤地区形成的界限是这样的：北边苏军顶出一个突出部。根据空中侦察，苏军防守重点放在北线。侦察是对的，克里米亚方面军确实将大多数坦克力量都布置在北边，他们觉得这个突出部肯定是德军的眼中钉，要进攻大概率是在这里。更何况南边是沼泽地带，坦克前进不方便。曼施坦因想了一会儿，北侧敌人重点防守，南侧地形比较困难，然后北边有大海，那不就是 1940 年的"曼施坦因计划"吗？从东往西换成从西往东，阿登森林换成某某沼泽，大西洋换成亚速海。计划就这样确定了，选择南侧主攻，只不过这次不是先用装甲部队冲锋，而是先用步兵扫除障碍，然后装甲师一路猛进抄苏军后路，将他们全部围歼在海边。

克里米亚方面军的空军司令是叶甫盖尼·马卡罗维奇·尼古拉延科少将，他曾在1938年的武汉会战中表现优异，荣获苏联英雄勋章。5月1日，德国第8航空军在费奥多西亚不远处建立指挥部。接下来的几天，多达555架飞机悄悄抵达机场，但苏联空军侦察能力非常差，居然毫无察觉。尼古拉延科一直认为自己的飞机数量是占优的。1942年5月8日凌晨，德军飞机倾巢而出，全天出动2100架次，对克里米亚方面军的几个机场进行突袭，苏军大量飞机还没起飞就被炸得粉身碎骨。这个情形完全就是巴巴罗萨刚开始的重演。德国瞬间拿下了刻赤半岛的制空权。

同样在凌晨，南线阵地的火炮狂轰首先开始，然后德军派步兵前进。因为和彼列科普地峡一样，这里也有大量障碍，不能让坦克去硬冲。一番苦战之后，他们到达一条巨型反坦克壕，约有10米宽，而且周围全是铁丝网、地雷，还有插入地下的钢筋。但德军的效率真的很高，到上午7点半就占领了反坦克壕上的桥头堡。接下来他们就是全员赶工，填埋反坦克壕，移除地雷、铁丝网和钢筋，为坦克部队搭建通道。

与此同时，针对苏军在反坦克壕后面的第二梯队，曼施坦因还放出奇招，找了一个先锋连乘冲锋艇，沿着黑海浅海区域直接绕到反坦克壕后方。因为这里不是一线阵地，所以苏军防守不严，结果被轻松登陆，然后冲锋艇又来回摆渡，源源不断地"摇人"过来，将苏军的二线阵地打了个稀烂。与此同时，针对敌人溃兵的追击，曼施坦因吸取了上次山寨装甲旅的成功经验，又组建了一个名叫"格勒德克旅"的小分队，这次除了汽车、卡车、摩托车、自行火炮之外，还加入了很多罗马尼亚骑兵，这声势可就更浩大了。他们向东边，也就是苏军大后方一路狂奔，到处制造恐慌氛围。例如，路过一个机场，顺手就轰掉了35架飞机。苏军本来就够乱了，一看德军装甲师都开到后方来了，更是人心惶惶，四散奔逃。

5月9日下午，战斗工兵们终于把反坦克壕填好了。22装甲师的200辆坦克犹如猛虎出笼，开始往北前进，但天降大雨，车速很慢，空军掩护也出动不了。苏军调动坦克部队阻挡，这一波是53辆坦克，其中还有21辆KV重型坦克，如果接战，德军可占不了便宜。但是苏军运气很差，5月10日早上大雨突然就停了，晴空万里。德军出动空军，很轻易就发现了这波重型坦克，一轮俯冲坦克团灭。装甲师再无敌手，刻赤半岛也就是巴掌大的地方，到5月10日下午，已经开到了亚速海。后面的步兵师紧紧跟上，完美地封闭了口袋。德军步步紧逼，苏军开始仓皇撤退。另一波苏军被逼到刻赤半岛的最东边。到5月18日，战斗全部结束，克里米亚方面军在刻赤原来有25万人，最后，2.8万人战死，15万人被俘，只有六七万人成功撤离。苏联丢失所有坦克和火炮，损失417架飞机。德军方面，伤亡7500人，损失12辆坦克、3辆突击炮和9门火炮。斯大林二话不说，把所有司令都做了降级处理。

现在，由于哈尔科夫战役也打起来了，曼施坦因只能把22装甲师和一半的第8航空军还给南方集团军群。不过，接下来坦克的用处也确实不大，他要去"啃碉堡"了。正好希特勒许诺的两款超级重炮也到了。第一款是一对600毫米卡尔巨型迫击炮，名叫雷神和奥丁，每颗炮弹有2米长，2170千克，每一炮基本是直上直下从天而降，能直接戳穿3.5米的水泥墙。射速大约是每十分钟一炮，针对巨型炮台上方的装甲。第二款是著名的800毫米多拉列车炮，名叫古斯塔夫，因为其发射时后坐力太强，它被安装在铁轨上。古斯塔夫的射程非常恐怖，一枚 4800 千克的炮弹，可以被打出 46 千米。当初生产这门炮主要就是针对法国马其诺防线的。除这两门超级巨炮外，曼施坦因手上还有一堆重武器。

6 月 2 日，炮轰开始。但那两款巨炮，也没有看起来那么厉害，最大的问题就是精度差，打什么都打不中，反复发射都无法击中目标。希特勒知道这件事后专门托南方集团军群司令部发来了训令，让他们把列车炮打准一点，不准瞎放，每颗炮弹都很值钱。曼施坦因有口难辩。好在古斯塔夫有一发炮弹扎入了地下，成功引爆了苏军埋在地下 27 米深的弹药库，造成巨大的破坏。6 月 6 日，卡尔臼炮的第 7 发炮弹，正中高尔基 1 号炮塔顶部，造成炮管损毁和塔顶破裂，基本是废了。那些黑科技的使用方法，曼施坦因也插不上话，但有一种炮，他是懂的，那就是"88 毫米高射炮"。他亲自指导 18 高射炮团的 48 门 88 毫米炮，对各个苏军地堡进行精确点射。"88 毫米高射炮"虽然细，但是打得准，而且穿透力强。日拱一卒，也很有效率。在这次围攻要塞的过程中，18 高射炮团总计发射了 181787 枚炮弹，对苏军造成的伤害远远大于那些巨炮。

6 月 7 日，德军步兵总攻开始了。虽然再次得到铺天盖地的炮火和空中支持，但真到步兵这里，仍步履维艰。每一个山头，都是一座堡垒；每一片草堆，都是一处陷阱；每一寸土地，都是一座坟墓。一天血战后，德军终于也拿下了一些高地，但付出了 2400 人伤亡的代价。6 月 9 日，斯坦尼斯拉夫·彼得罗夫投入预备队 345 步兵师，发起反击，德军又被顶住了。但当时的形势和 1941 年最大的不同在于，德军已经完全占据了制空权，苏军的运输船无法再自由进出。6 月 13

日清晨，满载 500 吨地雷和弹药的格鲁吉亚号运输船被炸沉，让苏军的补给雪上加霜，塞瓦斯托波尔已渐渐成为一座孤岛。6 月 13 日，德军终于占领了斯大林堡。6 月 17 日，德军开始总攻高尔基 1 号，炮兵依次开炮引爆了雷区，然后步兵突入直取炮塔。激战后，苏军放弃表面阵地转入坑道坚守。双方一个房间一个房间地展开屋战。德军花了整整 5 天时间，才将内部清扫干净。战至最后，也没有苏军投降，德军只捉到几十个奄奄一息的重伤员。

防守部队每天都需要几万发炮弹和地雷，但因为谢维尔纳亚湾已经失去，苏军大型运输船无法再靠岸，苏军已经到了最虚弱的时候。当前的局面是德军控制了谢维尔纳亚湾北部，但南岸的德军卡在一个叫作"撒蓬高地"的地方，兵力不够，无法推进。这虽然看上去可以困死苏军，但实际上是不行的，因为在塞瓦斯托波尔的最南端，围绕那门高尔基 2 号 305 毫米炮台，苏军又临时开始建造一个大型船只避风港。那就又要变成德军补给不行了，如那些巨炮的炮弹早已经打光了。希特勒催曼施坦因快点扫尾，但曼施坦因心里清楚，以现在的进度，还没资格用"扫尾"这个词。

最容易的方法，就是把主力移动到南边，然后发起人海战术强攻。但是这段路非常难走，移动过去要花好多天。在这段时间内，如果南边那个避风港先建好了，苏军炮弹一续上，总攻还不是变成"送人头"了？曼施坦因要求组织登陆作战，所有手下都反对，说这个悬崖峭壁难度太大，太危险了。曼施坦因回答，如果我们为了求稳从南路硬攻，不是要死更多人，不是更危险吗？横竖都得冒险，不如赌一把。6 月 29 日凌晨 2 点，德军对塞瓦斯托波尔城展开疯狂的夜间轰炸，分散苏军注意力，然后 130 艘冲锋艇悄悄穿过海湾，在南岸突然登陆。苏军猝不及防，"撒蓬高地"被两面夹击，在当天早晨被攻陷。塞瓦斯托波尔已无回天之力。

剩余的苏军都被逼到了西南边的赫尔松涅斯角，斯坦尼斯拉夫·彼得罗夫等几个高级将领到达岸边的时候，海边已经挤满了溃兵，他们需要缓缓穿过绝望的人群走上潜艇。人群中不断有人辱骂，还发生了一次小型暴动。一共有63个高级军官被潜艇加急送回，普通士兵就只能自生自灭了。很多人试图自己造船，但只有少数人成功逃离。讽刺的是，1944年，同样在赫尔松涅斯，一大群德军也体会了一模一样的绝望，他们也挣扎着建造木筏，企图漂往罗马尼亚，但成功者也是寥寥。7月4日，战斗全部结束，参与防守塞瓦斯托波尔要塞的13万苏军中，3.22万人战死，1.96万人撤到高加索，7.8万人被俘。但这一个月的血战也占用了德军大量的资源，拖慢了南方集团军群进攻斯大林格勒的脚步。说一下德军第11集团军的结局，这支刚刚摘取皇冠的部队居然被肢解了。曼施坦因带着所有火炮和大部分步兵被调往列宁格勒攻坚。剩下一个师留在克里米亚，一个师调去勒热夫，最精锐的22师改编为空降师去克里特岛站岗，直到战争结束。实际上，如果第11集团军顺势通过刻赤半岛登陆塔曼半岛，可以切断苏军退往高加索部队的后路，完美赶上蓝色方案。曼施坦因和哈尔德都建议这样，但希特勒并不认同。最终，斯大林格勒和高加索的德军都步履维艰。

但所有这些并不影响曼施坦因个人的荣耀。7月1日，希特勒发来贺电，晋升他为陆军元帅。为了夺下这座要塞，德军也付出了巨大的代价，从突破彼列科普地峡到最终攻克要塞，轴心国部队共计伤亡11.5万人。战争是权力的游戏，是将军的荣耀，却是士兵的坟墓。

第七章

生死修罗场

1942 年斯大林格勒战役

　　是战术的扭曲，还是心智的沦丧？是痴人的妄想，还是赌徒的疯狂？是活过今天的倔强，还是面朝明天的信仰？这场斯大林格勒战役，是如何成为人类历史上最血腥一战的？

　　1942年上半年，希特勒很忙。东线战场从北到南依次有一堆事情要解决：极北地区的摩尔曼斯克港要拿下，美国已经从那里给苏联补了很多血了；列宁格勒要拿下，围那么久还搞不定，德国的面子还要不要了；中央地区犬牙交错的那些"突出部"要守住，以后挑良辰吉日向莫斯科"二进宫"，还得从这些地方起跳；克里米亚的塞瓦斯托波尔要塞要拔掉，这里不但是黑海舰队的基地，而且从要塞起飞的轰炸机能炸到罗马尼亚油田。

　　以上这些还都只是些小项目，真正的大项目是3月底敲定的"蓝色方案"。1942年，德军夏季攻势的重点不再是莫斯科，而是南线的高加索地区。据说在1941年年底，希特勒召集经济学家和后勤部门开会，经济学家们给出了一个结论，说经过精密计算，如果德国在1942年不能弄到新的石油，那整个战争在1943年就将全部结束。希特勒一听，和自己想的差不多。本来就不想打莫斯科，那就去高加索捞石油吧！

那么，经济学家的结论对不对呢？事后来看显然不对。因为即便后来德军"手里捧着窝窝头，坦克没多一滴油"，战争还是一直持续到了 1945 年，而且还是两线作战。虽然油一直很缺，但说 1943 年战争就会彻底结束，还是过于悲观了。不管怎么样，夺取高加索的油田就成了 1942 年的当务之急。不过最大的巴库油田在高加索最东边，一路全是崇山峻岭，位置易守难攻。

1942 年 5 月 8 日，在战场最南端的克里米亚，德军打响了夏季攻势的第一枪，指挥官便是大名鼎鼎的曼施坦因。5 月 15 日，曼施坦因以迅雷不及掩耳之势击溃了苏军，夺下刻赤港，阻断了克里米亚的所有外援，开始为拔掉塞瓦斯托波尔做最后的准备。就在曼施坦因开工 4 天之后，5 月 12 日，苏联这边也出招了。这就是著名的"第二次哈尔科夫战役"。但是战争的头两年，苏军的进攻水平总是显得很稚嫩，整体协调极差，这次又是操之过急，步子迈太大，被德军抄了后路，一溃千里，23 万多人被俘，而德军只损失了 2 万多人。第 6 集团军司令费雷德里克·威廉·保卢斯，因为此战应对得力，荣获骑士铁十字勋章，抵达人生巅峰。

保卢斯原先的职位是陆军副总参谋长，再之前是法国战役期间赖歇瑙第 6 集团军的参谋长。巴巴罗萨计划就是他参与设计的，军事理论功底相当深厚。1942 年 1 月，希特勒任命他为第 6 集团军司令，但是保卢斯之前连营级的战斗单位都没有实际指挥过，带兵打仗的能力低于理论研究，显然是有些拔苗助长。其实希特勒提拔他，也是想树立平民出身高官的楷模，给底层军官一些奔头。另外，那些容克贵族阶级太难管了，老是不听指挥，私下不愿把元首放在眼里，所以你们看保卢斯多听话，升官了吧。职业生涯的发展还得靠元首多多栽培啊。保卢斯感念这份恩情，肯定是鞠躬尽瘁以死相报。然而，恰恰也是因为他太听话，没有足够的果敢和勇气，最终还是害了彼此。

刻赤战役和哈尔科夫战役，德军通过一个"发球得分"和一个"接发球得分"，瞬间在 1942 年取得 2∶0 的梦幻开局。希特勒一下来了斗志，接着猛攻，接着冲锋。之后的 1 个多月，又打了好几场仗，如南线的"威廉行动""弗里德里库斯行动"，德军利用苏军在"哈尔科夫送人头战役"之后的虚弱，贪婪地推进。7 月 1 日，曼施坦因攻克塞瓦斯托波尔要塞一战封神，晋升至陆军元帅。但之后曼施坦因和 11 集团军立刻被调往了列宁格勒，本来这股力量明明可以加入蓝色方案的。德军今年的重点到底在哪里？我们有上帝视角都看不懂，也难怪斯大林会头晕。

具体说一下这次"晕菜事件"的过程。6 月 19 日，德军一架参谋乘坐的飞机被击落，飞机上就有蓝色方案。这份方案被直接递给斯大林，但他没信，他觉得应该是德军在故弄玄虚，仍然认为德军的重点是莫斯科。当然他这个误判也有德军自己的努力。很多人评论德军情报部门弱，这个评价也不全对，因为 1942 年的"克里姆林宫计划"就是一次很好的骗局，它成功地让苏军高层坚信，莫斯科依然是 1942 年的重点，所以必须得屯重兵在西方面军，再次全力捍卫莫斯科。

1942 年 6 月 28 日，"蓝色行动"正式开工。我们来讲解一下这个蓝色行动，由于蓝色行动比较复杂，它分为 4 个阶段。蓝色 1 号：从库尔斯克出发，夺取沃罗涅日。蓝色 2 号：第一路从沃罗涅日出发向南，第二路从哈尔科夫出发向东，两路人马在米列罗沃会合。蓝色 3 号：第一路从米列罗沃向东穿过顿河，第二路从南边经过罗斯托夫一路向东，两路人马在斯大林格勒门口会合。蓝色4号，全面进入高加索地区。最初在这个计划中，几乎没有斯大林格勒什么事，重点是进入高加索，最多就是到达斯大林格勒郊区，然后炮火压制，干扰伏尔加河上的物流。因为参谋团队肯定也是研究过的，早就知道这里不是那么好打的，这个城市背靠伏尔加河，很难被包抄，它永远是有补给的，所以只要和苏军形成僵持就可以了。

还有一个事，就是蓝色行动刚开始，希特勒就把南方集团军群分为了A集团军群和B集团军群，B集团军群主要负责沃罗涅日—斯大林格勒这条线，A集团军群主要负责深入高加索地区，他们要依次夺取三个目标：小目标是迈科普油田，中目标是格罗兹尼油田，大目标是巴库油田。这时，中央集团军群司令冯·博克已经下岗再就业，担任了南方集团军群的司令。他表示强烈反对，"蓝色行动那么复杂，本来人就不太够，这再一分，AB哪还有足够的资源……"但冯·博克的话还没说完，就被粗暴地打断了，希特勒让他赶紧干活。

给大家稍微剖析一下，保卢斯的第6集团军所在的B集团军群一开始相当于是负责掩护A集团军群的侧翼。以打篮球为例，球员A要钻到内线（也就是高加索）去突破上篮，球员B原本的任务是帮他做挡拆，挡住苏军的防守球员，不让他们参与防守。结果到最后球员B冲进斯大林格勒去血战，等于是挡拆的一激动上去和防守球员互殴了，然后被吹双方技术犯规，最后球员A的突破上篮也没希望了。你的目标是什么？目标都忘记了，还打个什么呢？很多人说过，斯大林格勒非常重要，是兵家必争之地。的确，伏尔加河是交通枢纽，现代化工厂林立，最高统帅光环加持，冉冉升起的新一线城市，能不重要吗？但问题是，苏联重要的城市多着呢！列宁格勒不重要吗？罗斯托夫不重要吗？喀秋莎火箭炮是由沃罗涅日兵工厂制造，而T-34是由哈尔科夫共产国际工厂设计，哪个城市不是各怀绝技？苏联根本就无所谓守哪个城市，之前基辅、哈尔科夫、斯摩棱斯克不想守？还不是守不住。只要这个城市能守，不会被切断补给，那就守，和他们耗，就算用添油战术也可以，反正苏联人比德国人多，看谁耗得过谁。就算丢了莫斯科（当然这非常严重），苏德战争也不会结束，别的城市照旧会拼命，因为苏联的地盘太大了。德国这边刚好相反，如果失去柏林，基本上大局已定，其余都是扫尾工程。法国不就是这样吗？所以德军恰恰应该避免死命纠缠这种据点。当然斯大林格勒这个地理位置还是很重要的，当然值得一打，但是否值得孤注一掷，还需商榷。

在实战中，蓝色1号和蓝色2号进展得极为顺利，比预想的还简单。向东南的A集团军群和向东的B集团军群，基本围歼了顿巴斯地区的所有苏军，到7月12日，米列罗沃区域的苏军也全线崩溃。但也就是在这天，希特勒的想法又变了。细心的他发现，今年的俘虏抓得比以往都少一些，苏联人学会跑了吗？所以希特勒让霍特第4装甲集团军暂时中止原定的蓝色3号方案去斯大林格勒，而是改向东南，冲往罗斯托夫，帮助A集团军群一起围歼苏军，阻止他们逃跑。

冯·博克再次提出反对，他说："这样安排是不是过于理想主义了，这个……"

"反对无效！"

"我还没说完呢。"

"不用说了，你被撤职了！"

希特勒提拔马克西米连·冯·魏克斯为B集团军群司令。这一操作是不是和很多创业公司很像？老板总觉得下面人格局不够，不能理解自己，执行不了的就走人，换能执行的人来。但常常没有细想，所谓"能执行得了的"，不一定是水平更高，恰恰是这些人还不明白具体难度在哪里；或者干脆就是明知实现不了，但本身就是混工资的，当然就说可以了。最终，经常是一地鸡毛，还不如这个想法第一时间就被那些坚持己见的手下扼杀，可以省下时间和精力。所以有时候得扪心自问，从概率上来讲，你是史蒂夫·乔布斯领先员工们一个时代的可能性更高，还是当前这个指令不太合理的可能性更高？公司花的是你的钱，你作为老板，得对自己诚实啊！以德军为例，古德里安就是有个性的员工，保卢斯就是个听话的员工。1942 年年初，古德里安从第 2 装甲集团军司令上被解聘，而保卢斯被升职为第 6 集团军司令，这一上一下就是德军人事管理的一个缩影。现在希特勒把有个性的手下全换掉了，提上去一堆乖乖仔，即使某个乖乖仔个人能力很强，但整体上肯定和第一批是没法比的。最终的结果就是，希特勒在会议室里一时爽，最终迈向火葬场。

7 月 23 日，希特勒发布 45 号训令，要求 B 集团军群的第 6 集团军加速向东夺取斯大林格勒。注意，这是第一次明确提出要"夺取"斯大林格勒，而且 B 集团军群还刚刚被减少了装甲力量。草料一天天减少，还要马儿加速跑。当然魏克斯和保卢斯是不会提出异议的，元首的要求没有对不对的选项，干就完了。从这一天开始，斯大林格勒战役正式打响。

顿河从北向南到伏尔加河流域突然急转弯，形成了一个狭长弯道，这就是著名的"顿河大弯曲"部分。出乎德军意料的是，这一带的苏军，作战极其顽强。一个重要原因就是，7 月 28 日，斯大林颁发了著名的 227 号命令，其中有一段是这样写的："是停止撤退的时候了，一步也不能撤！从现在起，这就是我们的口号。必须顽强地保护每一个据点，保卫苏联的每一寸领土，直到流尽最后一滴鲜血。我们必须抓住我们的每一块土地，尽最大努力加以守护。祖国正处于困难时期，我们必须阻止敌人、击退敌人、消灭敌人，我们要不惜一切代价。德国人并非像恐慌制造者们说的那样强大，他们已经达到自己的极限。如果我们能抵挡住敌军目前的打击，我们肯定能获得未来的胜利。"浓缩成一句话就是：一步也不许后退。守在这一带的苏军只能拼了，这是真正的背水一战。

双方在顿河大弯曲血战一个月，居然没有分出胜负。希特勒这才发现形势没那么乐观，兵力不够，只好让霍特的第4装甲集团军又从南边赶回斯大林格勒，但这一来一回，浪费了时间和精力。得到增援的保卢斯终于将苏军赶过了顿河，然后继续咬牙推进。8月23日，14装甲军从北边抵达伏尔加河，切断了第62集团军和第64集团军与内地的联系。8月29日，霍特的先锋也突进到城南的火车站。其间，德军第4航空队没日没夜地对斯大林格勒展开了超级大轰炸，把城市炸成一片丑陋的废墟，但也正是这些废墟堆出了德军自己的坟墓。

这时候，斯大林为了解救斯大林格勒，在最高统帅下面又设置了最高副统帅，由朱可夫担任，请他赶去救火。朱可夫临时调动了第24集团军、第66集团军和近卫第1集团军，分别在9月3日、9月5日和9月10日，在德军外围的左翼科特鲁班地区进行了3次仓促的突击。虽然在付出巨大的代价后收效甚微，但还是拖住了德军向市中心突进的脚步。当然这还只是第一轮，在之后的两个月，保卢斯的左翼还会被苏军猛敲若干次，直到最终被彻底敲碎。

双方都在紧锣密鼓地调兵遣将。9月10日，瓦西里·伊万诺维奇·崔可夫到达全城最高点——乱炮横飞的马马耶夫岗，临危赴任第62集团军司令。这场战役后，他将一战成名，被授予苏联英雄勋章。9月12日，希特勒飞到乌克兰，召见了魏克斯和保卢斯，答应从高加索方向再抽调9个师加强第6集团军。9月14日，德军终于突入市区，瓦西里·伊万诺维奇·崔可夫组织司令部的干部团展开反突击，血腥的巷战从这一天开打，双方逐街逐楼逐屋争夺。到9月14日下午，德军从1号车站向东，冲向伏尔加河中央渡口，这已是守军最后的补给线。如果中央渡口被占，斯大林格勒将彻底沦陷，或许第二次世界大战的进程也将被全部改写。就在这最为紧迫的关口，援兵到了。

9月14日夜里，亚历山大·伊里奇·罗季姆采夫少将率领近卫第13步兵师的1万人，抵达伏尔加河东岸。由于时间过于仓促，其中有1000人连枪都没有，而且由于没有足够的渡船，他们必须分批过河，一到河对岸就冲锋，经过整夜血战，终于敲掉了德军的桥头堡，夺回市中心，同时抢回马马耶夫岗。接下来的数日，所有重要据点，如1号车站、马马耶夫岗，都被反复争夺。

由于空袭已经把城市炸成了废墟，所以德军面临两个难题。第一是建筑残垣中很容易藏人，不知道哪里就趴个狙击手在瞄着你。打水、洗澡、上厕所，甚至伸懒腰都可能有去无回，德军每一刻都是把头别在裤腰带上。第二是坦克的行动非常困难，特别容易被击毁。德军陷入两难，不出坦克，步兵太危险，连个盾牌都没有；出坦克明摆着损失极大。

德军不像苏军，坦克还能就地补充。城里有个工厂叫作捷尔任斯基拖拉机厂，这个厂在战斗期间一直灯火通明地生产。德军打到郊区的时候，有人建议按惯例把城里这些工厂拆了转移，斯大林说："等一下，为什么一定要转移呢？让同志们可劲儿造嘛！我们来搞一条史上最短补给线怎么样？"于是，捷尔任斯基拖拉机厂组装的 T-34 坦克一下线，加小半桶油就直接出发了，反正前线就在几千米外，连油漆都不带喷的，如果你看到一团白乎乎的坦克过来，那就是今天刚出炉的！你们知道这些坦克谁在开吗？正是拖拉机厂的车间工人。因为那时候坦克兵也不够了。自己造一辆坦克，自己开上前线，和自己的坦克一起战死沙场，这是属于战斗民族的浪漫。

瓦西里·伊万诺维奇·崔可夫鼓励士兵有意识地贴近德军，让双方的阵线犬牙交错，这样给德国空军制造了大难题，大量亨克尔He-111 轰炸机没法再用了，否则就是连自己人一起炸。于是德军只能全部启用斯图卡俯冲轰炸机，它们俯冲的时候会发出尖锐的叫声，让人不寒而栗。虽然在局部很凶残，可从整体杀伤效果看和水平轰炸机还是没法比的，所以在城市"鼠斗"中和坦克类似，德军的空中优势也被大大削弱了。

现在我们抽空来看一下高加索这一路。威廉·李斯特率领的 A 集团军群也算是有备而来。希特勒从 1941 年就开始训练一批精锐，叫作山地师，专门用于山区作战，平时就苦练滑雪、登山、射击。此外，还准备了很多石油专家、工程兵和石油工人，准备占领了油田就地开挖。准备得倒是挺充分，但是有点理想化了。8 月 9 日，德军攻占了第一个小目标：迈科普油田，但根本补不到油。苏联人也不傻，怎么会老老实实把油田留下？他们在走之前进口都用水泥给封死了，反正短时间内，肯定是搞不开的。那继续往前吧，去下一站碰碰运气。8 月 25 日，德军占领莫兹多克，距格罗兹尼油田这个"中目标"只有 80 千米了，可就是打不过去！一个重要原因是，苏联增补了几百架轰炸机在格罗兹尼附近，而 A 集团军群的大多数战斗机和高射炮部队都调去斯大林格勒了。第二个原因是燃油不足。本身是去抢油的，但是自己油也不够，挺讽刺的。补给要进高加索地区，只能从罗斯托夫这个瓶颈走，速度超级慢，但又不敢从克里米亚走海路运，因为苏军的黑海舰队还在，真是屋漏偏逢连夜雨。威廉·李斯特表示，以目前的兵力和后勤，想再往前推进肯定没戏了。话音未落，威廉·李斯特就被炒了鱿鱼。希特勒让克莱斯特他们服从命令，继续前进！但高加索的进攻实际上已经半死不活了，连"中目标"格罗兹尼都搞不定，更不要说"大目标"巴库了，那儿靠着里海呢。希特勒在 1942 年明显的问题就是两手都要抓，但两手都不硬。

视线回到斯大林格勒。9 月 18 日，第二次科特鲁班战役打响。北翼的斯大林格勒方面军再次发起突击，保卢斯只好又调动力量顶住，向市中心的推进放缓。但是在 9 月 25 日，德军还是再次占领了市中心，9 月 27 日重占马马耶夫岗，并且冲进北部的工厂区。就在这千钧一发之际，苏军增援部队再次抵达。9 月 30 日，斯捷潘·古里耶夫少将和维克多·若卢杰夫少将带领他们的第 39 近卫步兵师和第 37 近卫步兵师抵达河西岸，这两支部队都是由原来的空降兵改编的，是真正的"天降神兵"。德军再次被阻挡。

但苏军也付出了巨大的伤亡，两周后，维克多·若卢杰夫的整个师已经所剩无几。在斯大林格勒战役最残酷的这段时间里，每个苏联士兵平均只能活 24 小时。也就是说，从踏上伏尔加河西岸的那一刻开始算，他们的寿命大约就只剩一天了。生逢乱世，既然无法再平静地活，那就光荣地死。

这个阶段最著名的就是斯大林格勒第一钉子户——巴甫洛夫大楼。

9月27日，巴甫洛夫中士带队夺下了这一栋大楼，他因此一举拿下了大楼的"冠名权"。在以后的58天里，无论德军付出多少代价，巴甫洛夫大楼始终屹立不倒。这就是苏联版的四行仓库保卫战，再加城市版的地道战和地雷战。另外，还有河对岸的弹幕保护，苏军把所有的火炮，都放在伏尔加河东岸。只要类似巴甫洛夫大楼这种火炮观测点报个坐标，立刻就是一顿炮火招呼，所以越接近伏尔加河，德军遭到的火力打击就越密集。那如果大量德军已经进入大楼会怎样呢？

电影《斯大林格勒》的结尾有这样一段：士兵向对岸报了坐标。炮兵道："我有些疑惑，这是我方阵地啊！"

那个士兵回答："是的，但敌人已经上楼了！"

炮兵说："明白了，我全明白了！永别了，同志！"

10月4日，德军占领火车站。10月16日，双方在街垒火炮工厂激战，离第62集团军总部只有320米。正在此时，伊万·伊里奇·柳德尼科夫的步兵138师先遣团抵达，立刻投入守卫火炮工厂的战斗中。德军又没打到伏尔加河，元首真的是要"上头"了！我们来看一下，7月中旬，A集团军群有60个师，B集团军群有38个师。到9月底，A集团军群还剩29个师，全调往斯大林格勒了，B集团军群已经达到了80个师！不停加注，还是打不下来！高加索已经没戏了，如果斯大林格勒再搞不定，那1942年就是血本无归了。

机智的斯大林一察觉到希特勒有点"上头"，赶紧抿了一小口伏特加，也装作"上头"了，装出破釜沉舟状，让媒体一顿炒作。例如，著名的狙击之神瓦西里·扎伊采夫，就是由随军记者专门做的连载宣传，说希特勒已经是强弩之末了，斯大林格勒必将成为法西斯的坟墓。一看到这些，希特勒肯定更"上头"了。他在会议室里大发雷霆："什么狙击之神，不就是个打黑枪的吗？我要让这座城市的名字变成希特勒堡！"

希特勒让保卢斯加紧猛攻，抢在入冬之前翻盘。10月底，北翼的第四次科特鲁班战役打响，依然是收效甚微，这次保卢斯甚至没有去增援，他实在是管不过来了。城内双方已经在工厂区展开殊死搏斗，主要就是围绕"街垒"火炮厂、红十月钢铁厂和冶金厂这三个厂区。眼看红十月钢铁厂要被打穿，10月27日，瓦西里·伊万诺维奇·崔可夫再次获得增援，索科洛夫上校步兵45师的6400人前来报道，又顶住了德军。保卢斯也是纳闷了，怎么每次关键时刻就来这么一小批人把我们顶住了，苏联人是不是在玩儿我们？又整顿了几天，11月11日，保卢斯发起了他这辈子最后一次突击。德军集结5个步兵师、2个装甲师、2个战斗工兵营发起强攻。一天之内，苏德两军为争夺每一个车间都进行了异常残酷的搏杀，虽然有一股德军再次冲到了伏尔加河岸，但已是强弩之末，疲惫不堪，没有多余的兵力再迈出任何一步。保卢斯被迫于次日停止了进攻，再次开始和苏军怒目相视。

现在德军的隐患就是北边长长的侧翼。从斯大林格勒到沃罗涅日一共563千米，已经没有德国军队守卫了，只能以次充好，填入一些仆从国的部队，从北到南依次是匈牙利第2集团军、意大利第8集团军、罗马尼亚第3集团军，但这帮小兄弟壮壮声势还可以，真打起来跟苏军肯定是没得打的。9月底，总参谋长哈尔德提出，这么长的侧翼太危险了，应该全军退回顿河大弯曲地带。结果不用说大家也知道，他被撤职了。由于1942年压力过大，希特勒一言不合就撤职。没有对比就没有伤害，1942年的斯大林却显出了老练的一面，很明显地充分放权给手下的将领们，自己搞外交去了。向英美又是要资源，又是催着开辟第二战场，斯大林谈判起来是一套一套的。当然，高层的任命还得自己安排。9月28日，南线人事大重组。斯大林格勒方面军改称顿河方面军，司令员是康斯坦丁·康斯坦丁诺维奇·罗科索夫斯基中将；东南方面军改称斯大林格勒方面军，司令员是安德烈·伊万诺维奇·叶廖缅科上将；近卫第1集团军扩建为西南方面军，司令员是尼古拉·费多罗维奇·瓦图京中将。最高副统帅朱可夫和总参谋长亚历山大·米哈伊洛维奇·华西列夫斯基，开始秘密研究反攻计划。到11中旬，反攻部队准备完毕，在斯大林格勒南北两侧集结了3个方面军，共110万人，15500门火炮、1463辆坦克、1350架飞机。所以，苏军的兵力也没有看上去那么寒碜。这真的是一盘很大的棋啊！但是，据说崔可夫是没有被通知的。或许高层们认为，他还不需要知道明天的事，他只需全神贯注地度过每一个今天！

我们现在来回顾一下德军的1942年下半年。他们一开始顺风顺水，予取予求，但到了后来越打越难打，过了两个月一算账不赚反亏，然后又急着翻本加大投入，每次都是眼看快赢了，对方援军又到了，又赢不了了。就这样，第6集团军就在斯大林格勒越陷越深。终于这一天到了，1942年11月19日，苏军开始"天王星行动"。在纷飞的大雪中，瓦图京的西南方面军率先开始了突击，负责防卫第6集团军侧翼的罗马尼亚第3集团军严重缺乏反坦克武器，仅仅在一天之内就被突破。同时，罗科索夫斯基的顿河方面军实施辅助突击，割断了顿河大弯曲部德军与斯大林格勒德军的联系。11月20日，安德烈·伊万诺维奇·叶廖缅科的斯大林格勒方面军也在南部转入反攻，突破了防卫该地区的罗马尼亚第4集团军的防线。11月23日，西南方面军和斯大林格勒方面军在卡拉奇会师，完成了对斯大林格勒的包围。轴心国部队共 27 万人被合围在斯大林格勒。

希特勒又焦急又羞愤。其实早在 11 月 21 日，保卢斯就提出突围请求，但希特勒立刻回电要他坚守。因为如果突围，路上肯定要损失一大批部队，其次重装备大部分要丢，希特勒肯定不愿意。希特勒不但不止损，反而打电话给远在列宁格勒的曼施坦因："你说能不能救？"

"那要看我有多少兵力啊。"

"我给你 4 个满编的装甲师，再加 6 个步兵师。"

"给我 4 个满编的装甲师？那当然可以救了，但是到底有没有那么多人啊……"

"那你的意思是保卢斯不用突围？"

"那肯定啊，就让他先……"

"好吧，我还有事，先挂了，明天记得来顿河！你是最棒的！靠你了！"

曼施坦因顿时一个大无语。

11 月 27 日，德军顿河集群组建。曼施坦因来了一看，根本不是那么回事儿，哪有 4 个满编的装甲师，只有残破不堪的 48 装甲军，20 辆坦克，还有 62 和 294 两个步兵师。就这点兵力，还想要打穿包围圈？但他只好硬着头皮上，边打边等待援兵。本来还能多给点援兵，但是祸不单行，这时候朱可夫在北边的勒热夫突出部又发起了"天王星行动"的姊妹篇——"火星行动"。这次攻势更猛，希特勒被搞得焦头烂额。但是不管怎样，在 12 月初的救援行动中，曼施坦因还是顶着鹅毛大雪一路猛冲。保卢斯到底能坚持多久，其实和补给到不到位息息相关。空军司令戈林拍过胸脯保证，给斯大林格勒的空运补给完全没问题。很多参谋当时就觉得是天方夜谭，但元首病急乱投医，选择了相信他。现实中第6集团军每天需要的补给最少是300吨，但是12月1日到12日，平均每天只能空运90多吨，空中补给从一开始就是无稽之谈。据德军自己统计，斯大林格勒战役被围期间被击落了488架运输机和临时改成运输机的轰炸机，这让本不富裕的德军雪上加霜。

苏军这边也有烦心事。他们原本以为围住的是9万多人，结果最后发现居然围住了30万人，这"猪"太肥了，一下杀不掉。本来他们还做了一个"天王星行动"的兄弟篇，叫作"土星行动"，任务是从更大范围绕过去夺取罗斯托夫，把高加索地区的A集团军群也一锅端。这样一来，12月初就要同时干三件事：第一，杀猪；第二，打援；第三，准备"土星行动"。项目太多，实在是来不及。12月9日，亚历山大·米哈伊洛维奇·华西列夫斯基拍板，项目二和项目三合并，改叫"小土星"，先顶住曼施坦因。

回来说德军。12月19日，第57装甲军已经突进到离包围圈48千米以内的地方，但是苏军也围上来了，救援部队自己也有被包围的危险。

曼施坦因让保卢斯快突围，但是出乎意料的是，保卢斯拒绝了，他说："兄弟，上面也不让突围啊。"

曼施坦因说："都什么时候了你还管让不让……苏联人上来了，我先撤了！下辈子再见了，兄弟！"

被围的第6集团军彻底没戏了。1943年1月，趁着保卢斯还顶着，希特勒把A集团军群从高加索撤出。1月10日，罗科索夫斯基的顿河方面军对斯大林格勒发起了最后的进攻，行动代号"指环"。2月1

日，保卢斯率领残部投降，斯大林格勒战役终于结束。双方参战 500 万人，伤亡共计 200 万人，成为人类历史上最血腥的单场战役。

关于这场战役，毛主席在延安为《解放日报》写的社论中说得清楚至极："这一战，不但是苏德战争的转折点，甚至也不但是这次世界反法西斯战争的转折点，而且是整个人类历史的转折点……像希特勒这样法西斯国家的政治生命和军事生命，从它出生的一天起，就是建立在进攻上面的，进攻一完结，它的生命也就完结了。斯大林格勒一战将停止法西斯的进攻，这一战是带着决定性的。这种决定性，是关系于整个世界战争的。"

这段文字写于 1942 年 10 月 12 日，当时苏德双方还处于胶着状态，但毛主席已经预言了一切。

第八章

绝命中途岛

1942 年中途岛战役

　　1942 年，太平洋战场同样爆发了一场决定性的会战，那就是举世闻名的中途岛战役。本章会从日军视角详细剖析中途岛战役中的几次关键决策，详细剖析兵力占尽优势的日本联合舰队是如何一把输光的。

　　首先说一下战役的背景。日本怎么就决定进攻中途岛呢？ 1942年上半年，日军在太平洋战场上有三条路线可以进攻，分上中下三路。下路就是进攻澳大利亚东部的岛屿，如斐济、萨摩亚等，切断美国和澳大利亚的联系，然后安心夺取东南亚的各种资源。中路是山本五十六一直主张的进攻中途岛，也就是日本和美国西海岸的正中间这个位置。但是中途岛离夏威夷实在太近，岛又太小，没有战略纵深，所以日军很多参谋认为就算打下来也守不住。上路是从北海道去往千岛群岛，途径阿留申群岛，最终抵达阿拉斯加，登陆北美大陆，冰天雪地，山高水远。

　　日本人本来在下路和中路之间犹豫不决，这时候美国人来了个刺激的做法。1942 年 4 月 18 日，詹姆斯·哈罗德·杜立特带领 16 架 B-25 轰炸机从大黄蜂号航母上起飞，成功轰炸了东京。日本人上一秒还得意扬扬，下一秒就被炸了。这回不要争了，确保天皇陛下安全第一要紧。当时有不少人认为敌机是在中途岛起飞的，所以军令部终于发话：请务必拿下中途岛，一定要把美军的势力范围推得远远的！

山本五十六非常兴奋，因为中途岛会威胁夏威夷，打中途岛可以引诱美国的太平洋舰队来救援，那就有机会一举歼灭美国的航母。也正因为这场战役的目的不单纯，所以山本五十六的参谋团队搞出了一份人类海战史上最复杂、最烧脑的方案，兵分6路：第1路，佯攻阿留申群岛，占用了两艘轻型航母；第2路，也就是实施攻击的舰队，南云忠一的第一航舰，4艘航母，一堆战舰；第3路，山本五十六主力部队，一艘航母，一堆战舰；第4路，登陆部队以及近距离支援部队，又是一堆战舰，其他两路比较小，略去不说。项目的时间也是环环相扣。6月3日，佯攻部队进攻阿留申群岛的荷兰港；6月4日，南云忠一的飞机炸平中途岛；6月5日，攻略部队登陆中途岛；6月6日，所有工作人员一起在岛上吃寿司、开派对。至于南云忠一需要在什么时候干掉美国的航母，那就得看美国航母冒头的时间了。

即便我们完全不知道美军的情况，也能看出这个计划漏洞百出，问题重重。其实在日军内部也是有人对此计划质疑的，电影《决战中途岛》里有一个沙盘推演的场景，历史上确有其事。1942年5月初，在大和号上隆重举办了一次四天三夜的"高级军官总裁集训营"。当时有一局推演的结果，美军航母就潜伏在东北方向，趁着南云忠一攻岛的时机，突然来了一波快速反击，直接干掉了苍龙和赤城两艘航母，简直是神级预测。但是山本五十六的参谋长宇垣缠大喝一声："休得无礼！日本必胜！"接着他宣布推演无效，然后又重申了一下参谋部定好的剧本，美国的特混舰队必须从珍珠港出发，姗姗来迟，然后被联合舰队一顿猛击。这个剧本设计得令人感动，但问题是得邀请美国参演。

当你一直赢的时候，总归会觉得自己不可阻挡。此时的日本经过了甲午海战、日俄战争，在半个世纪内已经连胜两场了。日本国民的心气当然越提越高，于是忘乎所以，然后得寸进尺，最后万劫不复。古今中外，概莫能外。

另外，当你自信到一定程度时，就开始对各种不利因素视而不见，制订的计划越来越主观。既然一定能赢，谁还愿意浪费脑细胞，还不如在提升实力这件事上做点文章。例如，那个时段南云忠一的部队刚从印度洋赶回来，非常疲劳，而且日本在刚结束的珊瑚海海战中还有两艘航母受了伤，来不及修好，为什么不整顿一下，还偏偏要赶在 5 月 27 日匆忙出发呢？因为这一天是东乡平八郎当年击败俄国舰队的日子，是光荣的日本海军节！那就安心过节好了，非要在这一天献礼不成？如果顺利拿下，当然意义非凡，但是要输了呢？日本海军在国民心中的地位那么高，还能输得起吗？一输就人设崩塌，这种仗怎么打？

再说一下南云忠一。虽然这一仗他身败名裂，但他绝非泛泛之辈，当初山本五十六要偷袭珍珠港，就他敢冒死反对，但最后山本五十六还是把偷袭珍珠港的重任交给了他，因为人家是有绝活的。南云忠一擅长鱼雷战，而且是航海专家。长途偷袭珍珠港，路线是很复杂的，要快、准、狠，全日本所有海军将领中，估计也就南云忠一能把那么庞大的一支舰队精确地开到位，还能再安全地带回来。后来很多人吐槽他在珍珠港没敢发起第三波进攻就撤了，但是话说回来，第二波轰炸因为美军有了防备，损失已经增加很多了，第三波还得阵亡多少架飞机？南云忠一肯定是权衡过的，最终决定见好就收，因为他就是这么一个谨慎的人。其实中途岛让南云忠一带队也不是必选项，毕竟还有好几个同级别的高级将领，而且很多新生代的将领比南云忠一更熟悉航空作战，但山本五十六很可能就是看中了南云忠一谨小慎微这个特点。因为山本五十六自己也很谨慎，他最怕的不就是那几艘航母有闪失吗？如果交给一些比较生猛的将领，一言不合就孤注一掷，这点家底可能瞬间就打没了。山本五十六必须把他这几个宝贝交给一个懂得随时开溜的人手中，但偏偏造化弄人，这一仗一艘航母都没溜掉。这种用人方式也显示出日本在这个时期的矛盾之处，想豪赌本金又不够，所以自己明明是在进攻，却要交给一个防守思维的人，结果锐气都被对冲掉了。当然，还有一个关键因素就是论资历南云忠一也刚好适合这个职位，由他来背这个锅看来还真是天命。

不管怎样，南云忠一率领着无比精锐的第一航舰，捧着山本五十六精心设计的"剧本"向中途岛进发了。1942年6月4日清晨4点30分，行动开始。7架侦察飞机奉命开始在周围的海域搜索，但是"利根号"巡洋舰上的4号飞机有故障，延误了30分钟。这一次延误造成的损失可能是人类航空史上最昂贵的一次。同时，友永丈市大尉带领108架飞机直扑中途岛，这个人参与过侵华战争中的多场战役，双手沾满了中国人民的鲜血。不过他此生也只能最后一次看到日出了。

6点20分，日机抵达中途岛，发现跑道上的飞机已经全部飞掉了，而且防空火力很强，这还算哪门子偷袭？原来早在清晨5点32分，一架美军侦察机就发现了南云忠一的舰队，所以岛上的飞机早就起飞了，此刻也正冲向日军舰队。日机炸毁了电厂、指挥所和一些输油管道，但是没能炸毁跑道。友永丈市向南云忠一建议，尽快发动第二轮空袭。

7点10分，中途岛上起飞的美机陆续抵达日本舰队上空，注意是"陆续"抵达，前后一共来了4批。日本本来是要偷袭的，没想到却让人家给偷袭了。美军一直持续轰炸了一个半小时，非常英勇，可惜没有一颗炸弹、一枚鱼雷命中目标。想靠笨重的鱼雷机或高位水平轰炸命中移动中的目标还是挺难的。后来大家也看到了，要干掉日本的航母，只有靠俯冲轰炸。

我们接下来说另一条线。7点15分，就在中途岛的美军到达几分钟后，南云忠一决定对中途岛进行第二轮轰炸。因为看到岛上的美军居然能反咬一口，再不赶紧搞定美军，舰队自身难保，而且侦察机出发了快3个小时了，没有任何人汇报有敌舰。所以南云忠一在这里"机智"了一把，他决定直接使用预备队攻击，这样比友永丈市整顿后再出发要快。所谓预备队就是舰上的另一半飞机。话说在沙盘推演之后，山本五十六终究还是给了一个"锦囊"，他说既然各位担心美军航母就埋伏在附近，那我们就让一半的飞机待命不就好了，一直挂着鱼雷和穿甲炸弹，随时能反击，还慌什么？现在虽然没有看到航母，但亟须二轮攻击，飞机倒不过来，将在外军令有所不受，南云忠一决定先动用预备队，这就是让他遗臭万年的操作——"鱼雷换炸弹"。

这款水平轰炸机叫作"九七式舰攻"，外观优雅，功能齐全，既能挂鱼雷又能挂炸弹，是炸平地面、凿穿军舰的必备神器。没想到这个双重功能这次反而坏了事。换武器的过程需要一个半小时，但是在7点45分，那架延误的4号侦察机发来消息，发现美国舰队，但还看不清这支队伍有没有航母。如果这架飞机在清晨不延误，那早就发现了。现在问题来了，是否朝着那个方向立刻起飞进攻？现在，南云忠——生中最重要的一次考试开始了。

当时是 7 点 45 分，友永丈市带领返程的 97 架飞机油料最多坚持到 9 点 15 分，回收这批飞机需要 30 分钟，那么最晚在 8 点 45 分需要清空跑道。起飞预备队所有飞机需要 45 分钟，所以最晚到 8 点，这个决策必须做出：飞还是不飞？南云忠一只有 15 分钟的时间来做这个选择。另外，现在不确定因素还有很多。例如，发现的到底是航母编队还是普通的运输队，还有甲板上不停地有零式战斗机要降落来加油和加弹药。如果美国的进攻一直持续到 9 点左右，飞机起飞和回收的时间都会无限拉长，最后返程机队肯定要坠海一大堆。不确定因素太多，任何一个指挥官都会和南云忠一作出相同的决定，先回收，再出击。同时，南云忠一叫停了"鱼雷换炸弹"的动作，并且让侦察机再探。别忘了赤城号此时还在被敌军反复冲击，南云忠一的办公环境相当恶劣。

8 点 20 分，侦察机终于发回了消息："敌军舰队中有航母！"真的有航母，这下要了命了！必须得出击了，但问题实际上不但没有解决，反而更棘手了，就算现在马上玩命起飞，那甲板也要用到 9 点 5 分，返程飞机基本已经都坠海了。同时，还来不及配套护航战斗机，明摆着轰炸机也要损失惨重。我们来捋一下当时的局面：友永丈市返程机队还剩 97 架，4 艘航母总计 250 架飞机。如果立刻反击，就是100% 地牺牲掉这些飞机，看着他们坠海。如果不反击，那有 50% 的可能性零损失，也就是美军还没有进攻或者进攻了但是没能找到日军；另外 50% 的可能性是损失 347 架，如被美军一锅端。当然 50%

这个概率可能不对，但问题是也没有人能答出这个概率。如果你是此刻的南云忠一，你会怎么选？

从概率上来说，起飞的期望值（EV）是 -97，不起飞的期望值（EV）是 -347×50% ≈ -174，两害相权取其轻，肯定是起飞损失少，但在当时那个时刻你愿意眼睁睁看着自己一半多的部队坠海吗？这是行为经济学里一个很典型的现象，就是面对损失的时候，人们更愿意去"赌一把"，因为那样就有机会全身而退，损失 97 和损失 347，这个区别很大吗？我们再想一下，如果反过来就完全不一样，你能 100% 地消灭敌人的 97 架飞机，或者 50% 的可能性消灭敌人的 347 架飞机，50% 的可能性无功而返，你会怎么选？相信大多数人都会选 97 架，这叫"落袋为安"。和刚才一样的道理，97 和 347 相比，好像也没改善太多，但是万一真是零战果的话，就会感觉好傻。这也就是为什么股市里的散户总是稍微赚到一点就跑了，但跌的时候却咬死不放，毕竟只要赌一把，就有机会全身而退，不试试吗？

犹豫再三，南云忠一还是选择不出击，先回收返程机队，再起飞攻击部队。同时，下令把炸弹再换回鱼雷。南云忠一这个"巨型过家家"玩儿得可真是一绝。当时一枚机载鱼雷的重量是 1.05 吨，在当时那几艘航母的底层，你可以看到真正的"底层员工"。舰队副司令山口多闻建议立刻反击，当然用摩尔斯码打灯语也说不了几个字，估计就是山口多闻问："干不干？"南云忠一回答："不干！"通话结束。不管怎样，从 8 点 40 分到 9 点 10 分，南云忠一度过了他人生中最后一小段安宁的时光，蓝蓝的天空中没有一架美军的飞机，返程部队正一架又一架地降落在甲板上，这里是他们的家，同时也将是他们的坟墓。现在南云忠一只需要短短的 45 分钟，就能让反击部队全部起飞给美军致命一击，可惜不会有人再给他这 45 分钟了。

9 点 10 分，15 架鱼雷轰炸机从北边飞来，这是来自大黄蜂号的第 8 鱼雷机中队。没有任何战斗机护航，机组很快就会被凶残的零式战斗机撕个粉碎。这些笨重的鱼雷机缓缓扑向敌舰的场景，让笔者想到了电影《战马》中那批向着马克沁机重枪冲锋的骑兵。他们没有一丝生还的可能，但他们也没有一丝犹豫。最终机组 30 人中只有 1 人幸存，他们成了一支真正的死亡小队。9 点 40 分，又有 14 架鱼雷轰炸机从南边抵达，这是企业号上的第 6 鱼雷机中队，这次他们成功发射了数枚鱼雷，可惜都被躲开了。但现在日本的甲板上全是起落的护航战斗机，反击部队根本没机会起飞了。这波进攻刚结束，又来了一波，这次是 12 架鱼雷轰炸机从约克城号上飞过来的第 3 鱼雷机中队，不一样的是这次有 6 架野猫战斗机护航。应该说就是这 6 架战斗机最先吹响了整个太平洋战场反击的号角。队长吉米·萨奇首次用上了一种叫作"萨奇剪"的格斗技巧，日军前去拦截的零式战斗机措手不及，损失惨重。所以这次 12 架鱼雷轰炸机中居然有 11 架能继续飞向航母。于是本来在航母上方高空巡逻、专门防守俯冲轰炸机的零式战斗机不得已前来补位，这样高空区域就彻底放空了。用 NBA 的专业术语描述就是：第 3 鱼雷机中队依靠强大护球能力，杀入内线，吸引包夹，于是外线漏人，被俯冲轰炸机空位三分，完成绝杀。

10 点 22 分，第 3 轰炸机中队和第 6 轰炸机中队从两个方向同时抵达。他们同时抵达目的地也是个偶然事件。企业号上起飞的轰炸机很早就出发了，但是方向不对，绕了一大圈儿都没有找到敌军，就快没油的时候，队长小克拉伦斯·韦德·麦克拉斯基急中生智，跟上敌人一艘归队的驱逐舰才曲折地找到目标。约克城号的轰炸机虽然 8 点

30 分才出发，但是路线精准直指敌舰，所以两拨人马刚好在同一时间出现在这里。在过去的半个世纪里，日本耀武扬威、作恶多端，但出来混终究要还的。1942 年 6 月 4 日早上 10 点 22 分，日本的好运气用完了，最先上路的是加贺号。麦克拉斯基带着 30 架俯冲轰炸机从 5800 多米的高空俯冲，加贺号猝不及防被连续命中 4 次，机库中加满油的飞机引发了连锁爆炸，全舰顿成人间地狱。约克城号上的 13 架飞机冲向苍龙号，3 发炸弹依次命中飞行甲板中部又引发连锁爆炸。赤城号舰长跑得很快，差一点点就逃掉了，但是第 6 轰炸机中队的队长理查德·哈尔西·贝斯特最后时刻还是带领两架飞机追了上去，贝斯特的投弹一发命中，又引爆了弹药库。短短 5 分钟时间，3 艘航空母舰同时中弹，就在这一刻，日本称霸全球的美梦结束了。

那么，美军的航母为什么会在这里？其实日军的无线电密码早就被破译了，所以中途岛战役就成了日本自己给自己下的套。切斯特·威廉·尼米兹早就安排舰队埋伏在这里。清晨 7 点，美军起飞进攻，就是卡在日军进攻中途岛的飞机要回收的关口，也就是说，南云忠一当天面对的所有难题都是敌人提前就设计好的。这还真是一次考试，只不过试卷是敌人出的，人家知道正确答案。所以准确地说，南云忠一并没有输给运气，这世界上本来就没有什么真正的运气。

这时候唯一剩下的山口多闻的飞龙号立刻发动了反击。一拥而上的 18 架俯冲轰炸机，最终只有 7 架逼近约克城号，居然有 3 次命中目标，可见当时日本飞行员的飞行水平之高。虽然这波进攻日军损失了 70% 的战斗机，但在日军内部的小黑板上，已经扳回一分。现在是 1：2，如果能再干掉一艘，那就可以打平。于是第二波反击又火速开始。友永丈市，这场战役由你开始，也由你结束吧。他带领飞龙号上仅剩的 10 架鱼雷轰炸机，成功找到了一艘航母，肯定是企业号和大黄蜂号中的一艘，于是两眼放光冲了过去，可惜这还是约克城号。当年的美军损管天下无双，这么短的时间内居然已经完成了灭火、修船等一系列操作，所以现在的约克城号看起来就是一艘完好的航母。吉米·萨奇亲自升空拦截，击中了友永丈市带领的鱼雷轰炸机，但他在坠机前还是顽强地投出了鱼雷，最终有两枚鱼雷命中，这下约克城号才彻底废了。这两拨进攻，日军几乎用光了全部飞机才干掉一艘航母，飞龙号不得不掉头撤退了，美军没有给它机会，企业号上起飞的贝斯特再次带队命中目标，成为人类历史上唯一一个一天干掉两艘航母的人。日军 4 艘航母全部报废，山口多闻自杀殉国，其他战舰撤离战场，中途岛战役结束。

我们应该如何从历史中学习？笔者觉得很重要的一点就是需要去探索足够多的细节。例如，这场中途岛战役，如果每次都听个梗概，那只能粗略地总结一些原因，如日本是骄兵必败，战争的关键就是情报，决策者最忌讳的就是犹豫不决等，但是所有这些都是盲人摸象。真实世界的变量太多了，根本不可能用一句话就说得清楚。"靠运气赢到的，必将靠实力输回去"，这句话说得很草率，就算一个人技术差、运气好，但是他赢的过程中，就一点实力的作用都没有吗？他输的时候，就没有坏运气的因素吗？每一件事的实力和运气都是交织在一起的。

中途岛战役，笔者觉得日本方面至少有两个问题。从战略上说，日本犯了兵家大忌。《孙子兵法》云："五则攻之，十则围之。"在那个节点，日本联合舰队人数占绝对优势，你搞那么复杂干吗？像中途岛这种小岛，所有设施离海岸线都不远，你就把 100 艘战舰再加 7 艘航母围过去，光用舰炮轰就能轰平了。有优势就结硬寨、打呆仗，你弄阴谋诡计，反而会让自己的计划变得脆弱。实际上佯攻就占用了两艘轻型航母，山本五十六的主力部队在后面约 560 千米。然后到了真正的前线，反而就只有 4 艘航空母舰，而且还要同时做那么多事，明显是自己选的"困难模式"。

在战术层面上，日本方面显然应变不够。虽说很难想象整个计划都被知晓了，但其实这一路上日军已经接收到无数个不利的消息。例如，本来 5 月 31 日要去珍珠港侦察的水上飞机飞不过去了，侦察取消了，那就完全没法确定航母还在珍珠港。6 月 3 日下午，日军的运输船已经被美军轰炸过了。换句话说，整个行动前一天就暴露了，但这两个重大消息，大和号都没有通知前方的南云忠一。山本五十六说不想打破无线电静默，你倒是一个安静的美男子，那南云忠一就苦了。一直到 4 日凌晨，南云忠一还认为这是一次奇袭，所以说南云忠一不就是被他的上司给坑死的吗？接下来说说南云忠一自己，当天 5 点 32 分，美军侦察机发现了日军，其实日军也看到了这架飞机，也就是说知道偷袭计划暴露了，最好的选择就是掉头，先回去和主力部队会合。就算当时不肯，那之后被中途岛的美军攻击了，还有机会撤退。你自己的飞机还没回来敌人的飞机就到了，明显人家早有准备，之前的一切假设都不成立了，你要重新审视自己的身份，你已经不是猎手，而是猎物啦！猎物还不快跑？还换什么炸弹！还组织什么第二轮空袭？现在撤只是丢脸，不撤最后是又丢脸又丢舰。

看看有多少机会可以调整这个计划，但是没有人调整，反正就是开弓没有回头箭。当然以当时日本军队里的状况，肯定是没有人敢推翻上级计划的，只能一条道走到黑，这就是这个组织的问题了，这样的组织，不可能赢得战争。

其实计划赶不上变化，生活是瞬息万变的，每一个项目都应该做好最坏的打算，你原定的计划必须随时可以调整，要有弹性，你真弄个"没有撤退可言"，对各种不利因素都视而不见，去硬拼，那不就真成傻子了吗？

第九章

铁甲大冲撞

1943 年库尔斯克战役

钢铁冲撞钢铁，进攻对抗进攻，强硬遭遇强硬，这场大战，就是人类历史上最大规模的坦克会战——库尔斯克战役。

借助斯大林格勒战役的余威，1943年2月，罗科索夫斯基的顿河方面军一路猛冲，2月15日夺回哈尔科夫。曼施坦因不慌不忙，不但要来了增援，而且再次利用苏军步子迈太大、补给跟不上的弱点，绝地反击全歼了苏军坦克第3集团军。3月14日，收复哈尔科夫。几天后，重夺别尔哥罗德。这一系列眼花缭乱的突击和反击，让苏德双方的阵线上出现了一个突出的"肿瘤"，德军仍然占据着北边的奥廖尔和南边的别尔哥罗德这两个战略要地，但是中间被打凹进去一块，"鼻青脸肿"的感觉油然而生。这个突出部的中心就是工业重镇——库尔斯克市。

3月初，苏联已经进入融雪泥泞季节，大家都动不了，只能各自进入会议室讨论方案。这段时间等于就是苏德战争的中场休息。经过一年半的恶战，双方都已疲惫不堪。曼施坦因强烈建议乘胜追击，中央集团军群和南方集团军群南北夹击，长痛不如短痛，趁着这个"肿瘤"还在早期，赶紧把它切了。但中央集团军群司令冯·克鲁格不同意，他说："你是不是工作狂，不怕猝死？弟兄们不要喘口气吗？"

希特勒终于发飙了："都别吵了，我脑子都快炸了！其他的问题就先不谈了，就先说说这个！"（插叙一下，几天前希特勒专门去参加了虎式坦克的新车安全碰撞测试，结果非常"拉胯"，前装甲被 T-34 直接一炮打穿。）

"你们看看，就挨这么一小炮，这个 A 柱就完全变形了，而且安全气囊也没弹出来！咱们的新车型就这种品质，还怎么上市？怎么去征服苏联的消费者？我们的虎式坦克耗时两年，耗资无数，就搞出这么个玩意？召回！召回！全部给我召回！"

德军和苏军的坦克发展，走的就如同即时战略游戏里的两条路线。苏军爆兵，德军攀科技。苏联有先天优势，他们一上来就能出皮糙肉厚的 T-34，于是盯着猛造，"一本主基地"打天下。德国走的是攀科技的路线，到 1943 年，坦克已经连升两级到了"三本"，熬过了最困难的"二本"时期，也就是 1942 年，现在终于研发出了高级兵种"豹式"坦克和"虎式"坦克。苏联一直被打得疲于奔命，所以科技还停留在 1941 年的"一本"水平，只是升了个防，加强了一下装甲，叫作 T-34/85。我们来比较一下，1941 年的时候，T-34 碾压当时德军的基础兵种就是 3 型和 4 型。到 1943 年，无论攻还是防，"虎豹兄弟"显然能碾压 T-34，但问题是现在的 T-34 已经生产了很多，和两年前战争初期比，苏军有了量变而德军有了质变，那么到底是质变厉害还是量变厉害，还得打一仗试试。

可能很多人不知道，在中场休息期间还有个小插曲，双方谈判代表还秘密会晤了一次。

德方代表约阿希姆·冯·里宾特洛甫说："我们元首的意思，咱们大家还是和为贵，友谊地久天长嘛。我们就以第聂伯河为界，划江而治，以后就不打了，还是好兄弟。"

苏方代表莫洛托夫说："好兄弟可以做，但以第聂伯河为界是什么话？那还谈个啥，你们这不是强盗逻辑嘛。我们统帅也表态了，如果双方回到开战前的国界，那好商量，可以停战。"

里宾特洛甫说："你这是什么废话！开战前？那还谈个什么，那我们这一年半车马费你们出啊？"

双方话不投机，一拍两散，又回去各自准备了。

一直到1943年4月24日，德方的堡垒计划终于在内部发布。其实方案和曼施坦因当初建议的也差不多，就是一南一北钳形攻势，只是兵力准备得更充分了。暂定5月4日发起进攻，但是因那几天下大雨而暂停了。5月3日，全体高层在慕尼黑开大会，讨论这个方案还上不上。第9集团军司令防御将军奥托·莫里茨·瓦尔特·莫德尔先发言，他说根据空中侦察，苏联人已经把突出地区修得和铁桶一样，所以他认为应该暂时不攻。2月新上任的装甲兵总监古德里安立刻点了赞，说："对啊对啊，新坦克也没准备好，就算不下雨也来不及。第一个是数量不够，第二个是质量不过关，特别是豹式坦克发动机老熄火……"

曼施坦因打断了他："行了，大哥你别说了！我觉得不能再等了，再等北非就要守不住了。如果拖到6月联军从意大利登陆，那我们就将面临两线作战，还怎么打？"

两边都有道理，希特勒自从在"斯大林格勒战役赌场"一时冲动输光之后，患上了"风险厌恶综合征"，想来想去还是没把握，毕竟手上的筹码已经不多了，眼下最迫切的事情就是把堡垒计划推迟到6

月 12 日，以得到更多数量的新式坦克，一击必杀。

就在 5 月 13 日，联军真的占领了突尼斯，眼看地中海不保。希特勒真是头痛欲裂，只好再次把堡垒计划推迟到 6 月底，要先准备意大利的防守。古德里安得寸进尺，要求再给 1 个月时间搞生产。希特勒说不能给了，7 月 3 日必须开打，有几辆上几辆。最后时间又被推到了 7 月 5 日，库尔斯克战役一拖再拖，早就失去了突然性。

接下来我们再来到苏军会议室。苏军开始讨论的时间比德军更早，是在 4 月 12 日。关于下半场球怎么踢，主教练斯大林让大家畅所欲言。猛将瓦图京主张抢先一步攻上去和德国队踢攻势足球。斯大林正要赞许地点头，但是余光一瞥，看到了旁边眉头紧锁的朱可夫、华西列夫斯基、罗科索夫斯基、阿列克谢·因诺肯季耶维奇·安东诺夫。这分明就是没人同意嘛！斯大林问朱可夫有什么意见。朱可夫认为，以苏联队现在的实力和德国对攻还是没有把握，还是应该使用比较擅长的防守反击，把工事修好，先顶住德军春天的进攻，再反攻，就和斯大林格勒战役一样，别急着打，站稳再说。最终，斯大林采纳了这个方案：先防守，再反击，而且重点布置了库尔斯克地区，突出部内部靠北是罗科索夫斯基的中央方面军，靠南是瓦图京的沃罗涅日方面军，突出部外部北侧是西方面军和布良斯克方面军，南侧是西南方面军和南方面军。斯大林要求这 6 个方面军全部构筑纵深防御体系。在中央方面军和沃罗涅日方面军正后方，还组建了一个科涅夫指挥的草原方面军，作为战略总预备队，这个草原方面军虽然名字挺土的，但居然有 57 万人。这足足 7 个方面军堆在这里，还没日没夜地挖了三个月的沟，那沟得多深、多密，德军想从这里突破，能成功吗？

拥有上帝视角的我们，当然很容易看出结果。但是看历史事件，不能光用上帝视角，从当时德军的角度来看，真的还是很有机会的。首先从大数据看，1941年和1942年，德军都能在夏天势如破竹，一路击穿苏军的防线，最后在冬天成为强弩之末被反推。夏天可以算是德国人的主场，主场作战战绩还是2：0，并没有迹象表明，1943年突然就不行了。其实，就连苏联自己都不相信能完全守住，至少要在很纵深的地方才能挡住德军。其次，就是全新的"大杀器"——虎式坦克和豹式坦克，还有一个费迪南自行火炮，事后看当然知道这三兄弟在产品上还是有很多问题，但以当时的想法，万一这批黑科技刀枪不入，横扫千军，没准还一路就冲到克里姆林宫了，不试试怎么知道？所以，发起一场进攻还是很有机会的。当然，希特勒和军官们也都知道，虽然有机会，但这也是最后一次机会了，不成功，便成空。

很多人认为希特勒在堡垒计划中盲目自信，这个也不是事实。有一次古德里安私下对他说："像库尔斯克这种知名度一般的城市，我们费劲去打它干吗？就算拿下来了又如何？你登报纸说，我们拿下了一个叫库尔斯克的地方，群众肯定也不理解啊。"

希特勒掏心窝子说了这么一句："是呀，一想到这个堡垒行动我就恶心！"言下之意就是，我又不傻，你说的这些我会不知道吗？我肯定是有我的苦衷嘛！实际上，这一仗希特勒还真的必须得打。现在美苏英联手，如果还是用即时战略游戏比喻的话，联军有八个矿，德国就两个矿，拖下去是要被暴兵爆死的，必须赶在苏联彻底成长起来之前，再拼一把，绝命一搏。时间是德国的敌人，再拖那是必败；另外，到1943年，希特勒不知不觉已经组建了一个巨型的传销组织。金字塔最顶端当然是德国，下线是意大利、维希法国、芬兰这些所谓的合伙人，合伙人的下线是那些仆从国，如匈牙利、罗马尼亚、保加利亚等。现在经过斯大林格勒一仗，合伙人和仆从国都没信心了，天天嚷着要解散，队伍已经很不好带了。现在德国必须亲自出马，证明给兄弟们看，德国还能继续开拓新业务，大家不要挤兑。这种商业模式天生就是走钢丝，建立在不断发动侵略战争的基础上，否则整个资金盘就要崩溃。综合这两点，对于希特勒而言，打，还有一线生机；不打，就必定崩溃。战争就是这么一个邪恶的事物，它会不停地将你拽向无尽的深渊，让你身不由己地从一个还能回头是岸的小坏蛋，变为一个十恶不赦的大魔鬼。

现在来介绍一下德军的兵力配置。在北线，虽然冯·克鲁格的中央集团军群一共有 60 万人，但这场战役只能投入奥托·莫里茨·瓦尔特·莫德尔的第 9 集团军，共 33 万人，1000 辆坦克和自行火炮。在南线，曼施坦因可以动用南方集团军群的所有 35 万人，1500 辆坦克和自行火炮，所以南线将是德军进攻的重点。曼施坦因下面有两大部分，霍特的第 4 装甲集团军，还有保罗·豪塞尔的党卫军第 2 装甲军——由三个装甲掷弹兵师组成，希特勒警卫旗队师、帝国师、骷髅师。这个装甲掷弹兵就是摩托化程度比较高的精锐步兵，主要负责击毁敌军的坦克，最标准的是乘坐半履带装甲车行动。1942 年年底，希特勒专门指示，要让更多的步兵升职不加薪，改叫装甲掷弹兵。其实各方面装备都跟不上，特别是半履带装甲车，很多时候得徒步前进逼近火线，阵亡率特别高，所以部队的荣誉值一定要拉满，否则没人上了。希特勒亲自设立了"击毁坦克勋章"，很多装甲掷弹兵师都是希特勒亲自命名的，再也不是类似"9527 师"那种平凡的没有感情的数字，而是什么大德意志师、维京师、元首师、帝国师、骷髅师，各个独一无二、气势逼人。配置也很全面，以骷髅 2 师举例，有 1 个装甲掷弹兵团，1 个装甲团、1 个炮兵团，还有 4 个特殊兵种营，总共有 139 辆坦克、34 门突击炮，进可攻，退可守。再加上党卫军一般由志愿兵组成，作战意志比较强，所以这个党卫军第 2 装甲军还是相当精锐的。

进攻的时间千呼万唤始出来：1943 年 7 月 5 日凌晨 3 点。无巧不成书，刚好在前一天的傍晚，苏军抓了一个德国工兵。好像每次大战之前苏军都会抓到一个"舌头"，然后德军的情报都会泄露，德军是有"捐一张地图祭天"的传统吗？苏军问他："兄弟这大半夜出来扫雷，是有行动吧？"俘虏说："可不是吗？明天凌晨 3 点，我军要发起总攻。"这俘虏配合得那么好，感觉很假。这个"假"情报送到朱可夫那里，朱可夫心想，以前每次我们都没信，吃了很多亏，这次我做主了，信一次又如何？根据黑暗森林法则，应该往敌人的方向先放一枪，老夫先出手，管他有没有！于是，大半夜的，苏军把全体炮兵叫起来打炮。在凌晨 1 点 10 分和 2 点 20 分，苏军分别从南线和北线对着德军的方向一顿猛轰。这个战术动作的名字听着就很魔幻，叫"炮火反准备"。德军这大半夜正在把行李打包排成堆，突然就锅碗瓢盆满天飞。当然大多数炮弹肯定是打野鸡了，但还是命中了不少。莫德尔当场请示克鲁格，我们取消这次战役吧！你看我们准备了大几个月，临出门挨一顿炮，说明对面对我们一清二楚，这还攻啥呀？但克鲁格当场拒绝，箭已在弦，不得不发。

7 月 5 日凌晨 4 点 30 分，北路的莫德尔硬着头皮开始进攻。一开始是 80 分钟的炮火准备，5 点 30 分，地面进攻开始。虎式坦克终于猛虎出笼，但发现人间处处是陷阱，而且主要是针对下三路，大量坦克触雷，履带报废。有的坦克陷入了深似海的反坦克壕沟，还有很多坦克自己出现了机械故障。到这天结束的时候，装甲力量已经损失了20%。北线这一带本来就有大量森林，只有中间一块区域可以冲击，战术空间很小，易守难攻。莫德尔血战4日，但收效甚微，尤其是在波内里车站死伤非常惨重。7月8日，莫德尔的进攻以失败告终，他花了4天时间，共推进了15千米，伤亡了5万人和400辆坦克，已经无力再战。

再看一下南线。7月5日下午，霍特的进攻开始了。虽然苏军严阵以待，但是"道高一尺，魔高一丈"，德军同样有备而来。遥控扫雷机器人大显神威，而那些巨型反坦克壕，可以通过俯冲轰炸机不厌其烦地轰炸沟壁来破解。面对苏联训练有素的反坦克阵地，德军采取了V字形的攻击阵型。两三辆刀枪不入的虎式坦克打头阵，吸引最多的火力，让那些便宜货在后面跟着，一旦猛虎们形成突破，紧随其后的轻型坦克就可以利用速度优势迅速扩大缺口。与此同时，多达400架飞机参战，炸弹像雨点一样落在苏军的反坦克阵地上，造成了大量杀伤。17个小时后，苏军在南线的第一道防线被突破。

为了阻止德军的脚步，瓦图京提前顶上了方面军预备队——卡图科夫的坦克第1集团军。但卡图科夫和德军的第一次交锋就吃了大亏，T-34的劣势非常明显，虎式坦克的88毫米主炮和豹式的75毫米主炮，都可以在2千米外直接击穿T-34的前装甲。而T-34只能在400米左右才能击穿虎式坦克相对较薄的侧装甲。卡图科夫提出不要对攻，而让坦克埋伏在坑里，到离德军很近的距离再暴露自己，向德军坦克的侧面开火。斯大林对这个委曲求全的姿态不是很满意，但最终还是勉强同意了。这个理性的决定延缓了德军推进的脚步，但苏军的防守仍然岌岌可危。

积极的棋手，总是随时在思考下一步棋怎么走。早在 7 月 6 日傍晚，瓦图京就向大本营请求总预备队草原方面军的增援。斯大林慷慨准奏，于是这场战役的主角之一——罗特米斯特洛夫率领的草原方面军近卫第 5 坦克集团军提前入场，他们昼伏夜出，向战场秘密前进。

德军在损失了大量坦克之后，终于突破了前两道防线，逼近沃罗涅日方面军的第三道防线——奥博扬与普罗霍罗夫卡一线。他们正向着库尔斯克做最后的冲刺。负责进攻普罗霍罗夫卡的德军是最为精锐的党卫军第 2 装甲军。罗特米斯特洛夫的坦克正向着这里全速驰援。普罗霍罗夫卡，这个名不见经传的铁路小镇，将以人类历史上最大规模坦克战战场的身份载入史册。

7 月 10 日晚上的战前会议上，针对虎式坦克"皮糙肉厚射程远"的特点，罗特米斯特洛夫第一次提出了"坦克肉搏战"的设想，不顾伤亡，用最快的速度直扑上去和德军撕咬。瓦图京和华西列夫斯基瞬间批准了这个方案。三个人都很清楚，在没有坚固阵地的防线上，守是守不住了，此时此刻进攻就是防守。7 月 11 日，罗特米斯特洛夫的近卫第 5 坦克集团军抵达了普罗霍罗夫卡，但他惊讶地发现，预定的进攻出发点已经落入敌手，对方是党卫军第 2 装甲军的警卫旗队师。德军的计划是：从 7 月 12 日清晨开始，由骷髅师在普肖尔河北岸推进，切断奥博扬到普罗霍罗夫卡的公路，从而掩护住警卫旗队师的左翼。同时，帝国师从南边突进掩护警卫旗队师的右翼。而警卫旗队师自己，则向着普罗霍罗夫卡做最后的冲击。他们并不知道，12 日苏军也会发起进攻。这将是一次对攻。罗特米斯特洛夫已经重新布置了第二天的出发点，剩下的只有等待。

1943 年 7 月 12 日，黎明刚过，党卫军第 2 装甲军的全部 3 个师同时开始进攻。8 点 15 分，苏军阵地突然火炮齐鸣，雨点般的炮弹砸向德军。8 点 30 分，罗特米斯特洛夫的无线电员高喊着发出指令："钢铁，钢铁，钢铁！" 500 辆苏联坦克，如脱缰的野马，以必死的决心冲向敌阵。此时，德军侦察机也终于发现了它们，立刻向空中打出一连串紫色信号弹，意思是坦克警告。率先登上山顶的德军惊恐地发现，密密麻麻的苏联坦克已经全速向他们冲来。所有人的肾上腺素都瞬间拉满，德军坦克手只有一件事可以做，立刻开炮，开炮！不断有苏军坦克被击中，那一团团爆炸的焰火，就像那漫山遍野的山花，在生命的最后时刻尽情地绽放。

苏军的坦克从普肖尔河与铁路线中间的地带突进，这是唯一的路线。虽然损失惨重，但在前仆后继的冲击下还是有相当数量的苏联坦克逼近了德军。到 300～400 米的距离就是另一个世界了，没有装甲可以挡得住那么近的炮击。双方坦克缠斗在一起。敌人的坦克将不可避免地出现在你的左侧、右侧和身后。每个人都用尽生命最后的力气互相屠戮。在近距离被穿甲弹击中后，坦克会立刻爆炸，一切都将瞬间化为焦炭。有时候几吨重的炮台会被直接掀起几十米。偶尔有受伤的坦克没有殉爆，但坦克兵钻出坦克后会发现四周都是敌人的坦克和步兵，因为双方都已犬牙交错。出现在这样的战场，几乎没有生还的可能。

在这一天，罗特米斯特洛夫的集团军付出了巨大的代价，将近 2/3 的坦克被击毁。警卫旗队师攻占普罗霍罗夫卡的愿望也落空了。虽然骷髅师在普肖尔河以北有重大推进，但一切都无济于事。7 月 13 日，克鲁格和曼施坦因被召回狼穴，希特勒要求中止堡垒计划，因为他有更紧急的事需要处理。3 天前，联军在西西里登陆。希特勒已经无兵可用，只能抽调嫡系部队党卫军去保护意大利。苏军在北线奥廖尔地区的反击也开始了。曼施坦因争辩说，打到这份上了撤兵，不是前功尽弃吗？但希特勒没有理睬。7 月 17 日，党卫军第 2 装甲军收到了陆军总司令部的正式命令，退出战斗，前往西线。

德军已经是四处起火。7 月 12 日，苏军在库尔斯克地区北线的反击开始了。西方面军和布良斯克方面军奉命下山摘桃，行动代号"库图佐夫"，目标直指奥廖尔。莫德尔腹背受敌，只好转入防御。希特勒要求坚守奥廖尔突出部，但 7 月 20 日，莫德尔正式请求撤离奥廖尔，希特勒一看连莫德尔都守不住了。8 月 5 日，帕维尔·谢苗诺维奇·雷巴尔科中将的近卫坦克第 3 集团军解放了奥廖尔。8 月 18 日，布良斯克也由布良斯克方面军胜利解放。德军本来企图在这场战役中拔掉库尔斯克突出部，结果反而丢掉了自己的奥廖尔突出部。

8 月 3 日，苏军的南线大反击也如约而至。沃罗涅日方面军和草原方面军合力出击，行动代号"鲁缅采夫"。在精锐被不断抽掉的情况下，曼施坦因只可能延缓，不可能抵挡。8 月 5 日，苏军收复别尔哥罗德。8 月 23 日，苏军终于收复哈尔科夫。在整场库尔斯克战役中，苏军坦克的损失大约是德军的 5 倍，但如此高的战损比并没有给德国带来任何战略上的收获，德军损失了大量的占领区，并从此彻底失去了东线战场的主动权，不得不全部撤出奥廖尔突出部及乌东地区，一路退往第聂伯河。双方的残酷争斗，将在那里继续展开。

第十章

缠斗乌克兰

1943 年第聂伯河战役

　　这里是乌克兰，欧洲的粮仓；这里是乌克兰，丰饶的矿场；这里是乌克兰，耻辱的过往；这里是乌克兰，血肉的磨坊！我们即将重回1943年的乌克兰，回到那片血雨腥风的人间炼狱。

　　震天动地的库尔斯克战役居然只持续了不到10天就戛然而止。1943年7月中旬，苏军从库尔斯克地区的南北两侧发起防守反击。德国队两个边前锋莫德尔和曼施坦因突然发现自己成了边后卫，只好就地转入防守。德军最大的危机出现在最南端。7月17日，苏军开始猛攻米乌斯河，兵锋直插德军占领区的腹部要害——顿涅茨盆地。希特勒此时一看新闻："哎呀，乌东有危机，这还了得，顶住，顶住！我的党卫军呢？上啊！"

　　曼施坦因说："不是你自己刚把他们调去意大利吗？"

　　"去他的意大利，不去了啊，火车票退掉，先守顿巴斯啊，我的煤矿啊！"

　　曼施坦因只好从北翼抽调兵力，加上留下来的党卫军骷髅师和帝国师，在7月底，发起几次反突击，终于勉强守住了米乌斯河。但是南方集团军群的北翼兵力又不够了，顾此失彼，新的危机即将来临。

8月5日，苏军经过苦战，终于收复了一北一南两个战略要点奥廖尔和别尔哥罗德。斯大林的自我感觉再次良好起来："同志们，撸起裤管往前冲啊！明年过年，解放苏联！"1943年8月初斯大林下达了继续全面进攻的命令。于是，瓦西里·丹尼洛维奇·索科洛夫斯基的西方面军和罗科索夫斯基的中央方面军，分别去"死磕"斯摩棱斯克和布良斯克，但这个区域已经是中央集团军群构筑了十几个月的防线了，不太好打。两个"斯基""死磕"不下那两个"斯克"，损失惨重。可东边不亮西边亮，苏军在南线的北侧还是取得了进展。8月中旬，瓦图京的沃罗涅日方面军和科涅夫的草原方面军联手包抄哈尔科夫。曼施坦因要求撤退，避免重现保卢斯的悲剧，但希特勒不太同意，他要求哈尔科夫必须坚守。

曼施坦因说："我和你说一个道理啊，存地失人，人地皆失。存人失地……"

"什么都别说了，哈尔科夫丢了，这是要上新闻的呀！土耳其人会怎么看？保加利亚人会怎么看？"

"那么你最近能不能少看国际新闻？"

"我不管，反正不能撤！"

8月22日，曼施坦因下令撤出哈尔科夫，保留实力。当晚，这座苏联第四大城市，在苏德战争中第4次交换了主人，当前还留存的市民人数也刚好约等于战前的1/4。

曼施坦因放弃哈尔科夫还有一个重要原因，是要腾出一些兵力增补南线。实际上这也补不过去，撤出来的第8集团军只能在波尔塔瓦附近勉强挡住瓦图京的进攻。8月，南线南翼顿巴斯地区的战斗越来越激烈。马利诺夫斯基的西南方面军和托尔布欣的南方面军奉统帅令再次强攻北顿涅茨河和米乌斯河。此时斯大林也发出了指示：我不要伤亡数字，我只要顿巴斯！双方陷入血战。因为两边兵力差距太大，米乌斯河附近的第6集团军又接近崩溃。

8月27日，希特勒亲自飞到乌克兰的文尼察找干部们开恳谈会。曼施坦因表示，从堡垒行动开始以来，南方集团军群损失13万多人，补充3万人，人口负增长严重。以目前的态势，顿巴斯地区无法坚守，建议立刻后撤。

"怎么又是后撤？还记得1940年的你和我吗？才3年，难道你就已经不再是曾经的那个追风少年了吗？"

"我……我为帝国，是鞠躬尽瘁的呀！可是当前这个形势……"

"你先顶着，我去中央，从北方集团军群给你调些援兵来。你要记住，绝对不能撤。"

8月28日，中央集团军群的克鲁格也飞去大本营面见了元首，然后调兵的事就没有后续了。东墙西墙，哪一个都不是省油的灯。因为增援的事没了下文，8月31日，曼施坦因命令第6集团军后撤到米乌斯河西岸的"龟"阵地。希特勒一看生米煮成了熟饭，只好在当晚被迫补了个文件，正式授予南方集团军群所谓的"行动自由权"，但幽怨的种子已在心中种下，君臣之间终于有了芥蒂。9月3日，曼施坦因也学克鲁格飞去德国大本营。一方面问为什么中央集团军群没给援兵，一方面提议立刻后撤去第聂伯河，还提出在人事结构上应该给东线设立一个总参谋长来统一协调3个集团军群。否则三个和尚没水喝，会哭的孩子有奶吃，这不科学啊！潜台词就是：你就别管了，找一个懂行的来管行不行？但这被希特勒机智地识破，他断然拒绝："我就是那个懂行的人！想架空我，门儿都没有！"关于后撤的事他还是犹豫不决。

但你越是犹豫，你犹豫的那件事往往就越是恶化。9月7日，德军失去了中央区域的交通枢纽——斯摩棱斯克。同一天，德军在乌克兰失去了顿巴斯地区的中心——斯大林诺。9月10日，苏军已经突破米乌斯河，进逼重要的工业和金属冶炼基地——马里乌波尔。眼看守住顿巴斯地区已经没戏了。9月15日，曼施坦因下令南方集团军群全体撤往第聂伯河西岸的"黑豹—沃坦防线"，也叫作"东墙"。早在1943年5月，OKH的参谋长库尔特·蔡茨勒就建议把这条防线修起来，打仗有攻有守不寒碜。但是希特勒不干，他怒吼道："我告诉你们，进攻才是最好的防守！这一带前不着村后不着店，修个什么破防线？再说了，咱水泥也不够啊！法国和丹麦那里都还缺呢！"

于是修防线的事只得暂时作罢，直到库尔斯克战役后兵败如山倒了，希特勒才在8月11日下令赶紧抢修。这工程量可不小，从爱沙尼亚贯穿白俄罗斯、乌克兰，一直连到亚速海。注意，南边刚开始这段是顺着第聂伯河走的，但是为了包住高加索那里的库班登陆场和克里米亚，不能顺着第聂伯河拐去黑海，得强行拉直，从扎波罗热到梅利托波尔这一路走。地形不够，碉堡来凑。希特勒要求迅速完工，一直到开打，才修了1个多月时间，想想也知道工程有多豆腐渣。

1941年7月苏军大撤退的时候，就搞过一次焦土策略了，拆走了500多家大工厂，带走了600万头牲畜，炸掉了第聂伯河水库和顿涅茨煤矿。两年后，德国人走的时候又要搞一次，这回连所有房子都要烧掉。德军的策略是，不给苏联人留一片遮风挡雨的东西，同时驱赶成千上万的乌克兰难民跟着德国转移。德国人称乌克兰人是自愿跟着走的，实际上只是不希望这些人口留在苏联以被招募为新的士兵。但四处的火光也同样损伤着德军自己的士气，因为每个人都知道，这样的指令意味着他们永远不会回来了。这已经是一场没有希望的战争，等待自己的终究是灭亡，不是在此处，就是在更后方的某处。

于是，从9月15日开始，"第聂伯河杯"马拉松锦标赛就正式开始了。德国队先行出发，苏联队很快也跟了上去，而且他们有人数优势，一大堆人嗡地一下就上去了。当时，斯大林就提了一个小目标：尽快抢在敌军之前抵达第聂伯河西岸。他开出的奖赏是给第一批渡河及在渡河过程中奋勇作战的个人和集体授予"苏联英雄"勋章或"苏沃洛夫"勋章。同志们，跑起来啊！注意，这个比赛的跑道是非常宽的，有些地方可以卡位，但还有些地方双方可以错开，你跑你的，我跑我的。所以虽然大多数苏联选手跑在后面，但也有少数苏联人抢在德国人之前抵达了第聂伯河。这就厉害了。

第一个冲线的苏联选手是统领近卫第3坦克集团军的帕维尔·谢苗诺维奇·雷巴尔科，瓦图京把急先锋的光荣任务交给了他。9月20日，雷巴尔科的先头部队沿着公路单日狂飙165千米，于9月21日晚上抵达第聂伯河。这里德军守备力量非常薄弱。当晚，苏军在大布克林村用各种小木板强渡第聂伯河。9月22日凌晨已经在河对岸建立了桥头堡。但雷巴尔科跑太快，后续部队来不及赶到，如何给脆弱的桥头堡增援呢？大家愁了起来。这时候斯大林灵机一动，表示实在来不及的话，可以"扔"点人过去嘛！于是苏军启动了他们在二战期间最大规模的空降行动，3个压箱底的空降旅，共1万多人，在9月25日凌晨被空投到大布克林登陆场周围。但这次空投过于分散，而且正好遇上刚刚移动到此处的德军19装甲师，结果这些极其精锐的空降兵成了待宰的"肥羊"，几乎全军覆没。但他们的牺牲多多少少还是为登陆场争取到了一些巩固阵地的时间。

9月30日，德军南方集团军群终于全部到达东墙，也就是"第聂伯河—梅利托波尔"一线。客观地说，曼施坦因组织的这次撤退是挺成功的，边打、边撤，还要边拆、边烧、边抢，居然还能保持阵脚不乱！这是为什么呢？因为曼施坦因派去殿后的部队依次是：国防军装甲掷弹兵师大德意志师，党卫军装甲掷弹兵师帝国师、骷髅师、维京师。为了顶住扑面而来的大批苏军，这帮精锐全部被打残。例如，仅骷髅师一周就死伤1000人。大德意志师在退军过程中，每天都要构筑完善的临时防线，逃命都逃得那么有素质，这些王牌部队做事确实认真。曼施坦因也是算过账的，不用他们就得全军覆没，你说用不用？但德军到了西岸，一看到这个东墙都晕倒了，从基辅往南的第聂伯河部分，每千米就只有6个碉堡。这也叫墙？这是园艺吧！更关键的是，这时候除大布克林外，苏军在河西岸已经建立了好几处登陆场。说白了，虽然德军过河了，但很多苏军也过河了，这个第聂伯河防线还没怎么正儿八经打，就已经犬牙交错了。俗话说："破鼓万人锤。"10月1日，中央方面军罗科索夫斯基经过苦战，拿下了基辅北面一个战略要地，名字现在比基辅还出名，叫作"切尔诺贝利"。眼看他就要以这个支撑点向南横扫基辅，但是德军突然回光返照，殊死反击，血战一周之后，10月9日，又把城市夺了回来。鹬蚌相争渔翁得利，瓦图京趁着罗科索夫斯基和德军猛干，在切尔诺贝利和基辅之间找到一个突破口，38集团军下面的一支小部队悄悄渡过第聂伯河，建立了桥头堡，这里就将是德军大动脉最终的破裂之处——柳捷日登陆场。10月11日，瓦图京命令安德烈·格里戈里耶维奇·克拉夫琴科的近卫坦克第5军增援登陆场。但坦克要过很多横向的小河，这怎么弄？结果克拉夫琴科命令直接把坦克缝隙都堵上，一口气开过去！要知道只要发动机进水熄火，坦克就得当场报废。但是战斗民族绝对不会拘泥于这些小节。克拉夫琴科涉险过关，和桥头堡的步兵会合，扩大了登陆场。

这几天，斯大林提出，先前几个方面军的名字太土，于是重新梳理了一下。10月20日，中央方面军改名为白俄罗斯第1方面军，沃罗涅日方面军、草原方面军、西南方面军和南方面军分别改名为乌克兰第1、第2、第3、第4方面军。"这才像话嘛，一听名字就知道，咱们是要在乌克兰干大事的呀！今年一过完，解放乌克兰！"斯大林一声令下，从基辅到克列缅丘格、扎波罗热、梅利托波尔，苏军发起全线总攻。

德军防御的重点，南边是扎波罗热，北边是基辅。先说扎波罗热，南方集团军群的司令部也在这里。在战前，扎波罗热水坝是全欧洲最大的水坝，涡轮机组能产生55万千瓦的电力，可以为整个西乌克兰地区提供电力，是布尔什维克政权的样板工程，象征着电气化和工业化的共产主义目标。1941年苏军撤军的时候，对大坝进行了破坏，所以落到德军手上的时候，已经是废铜烂铁了。德国人加班加点弄到1943年年初才修好，这个水电站的电力供应恢复了。扎波罗热这个位置，是位于第聂伯河河东的一个桥头堡，德军坚守在这里确实很有价值，它实际上保护着整个克里米亚。双方都投入了重兵。德军这边是亨里奇将军的第40装甲军，他有3个装甲师，还有第17军的几个步兵师，相当于一个集团军规模的战斗群。他们就一个任务：守住扎波罗热水坝。德军除这些兵力外，出现在扎波罗热附近的散兵游勇都被拦下来，编入一个战斗群，有来自6个不同的师的番号。苏军那边投入了整整一个方面军，里面有 3 个集团军加 2 个坦克军，还包括崔可夫的近卫第 8 集团军，大概兵力和德军能够达到 10 : 1。

从 10 月 10 日开始，苏军开始了一轮又一轮的狂攻。这一带的德军有相当多的费迪南坦克歼击车和虎式坦克，火力强度还是很大的，但是苏军的数量实在太多，到 10 月 13 日，苏军终于强行突破了防御，潮水一样地冲进了德军的防线。到 10 月 14 日夜里，德军匆忙把水坝给炸了，湍急的水流瞬间淹没了周围的所有村庄。周围的村镇一边烧着火，一边淹着水，活脱脱的一幅地狱图。苏军很快从此处越过了第聂伯河。

再说北边的基辅，当前瓦图京拥有一南一北两个桥头堡，基本锁定了"解放基辅"的头版头条。现在也不用多想了，钳形攻势啊！但进攻并不顺利，遭遇了德军的猛烈阻击。瓦图京决定集中力量办大事，把雷巴尔科的坦克从大布克林撤了出来，悄悄运动到柳捷日登陆场，来了个"瞒天过海"加"暗度陈仓"，然后和克拉夫琴科双剑合璧，一举冲破了德军的防线。突破防线之后，雷巴尔科再次狂飙，11月 5 日清晨，割断了基辅通往日托米尔的公路。同时，克拉夫琴科的部队也突入基辅，在城内展开恶战。真是风水轮流转，欠债总要还，1943 年分明就成了 1941 年的翻版，德军反过来面临被苏军合围的境地。曼施坦因好汉不吃眼前亏，再次下令撤军。11 月 6 日，基辅解放。

11 月 7 日，曼施坦因飞去德国大本营，要求把新增援的 3 个装甲师，原定用于南线第聂伯河河曲部，就是扎波罗热、尼科波尔这一带的改用到北线去。现在基辅已经丢了，如果再不加强北翼的防守，整个集团军群会被苏军合围。

但是希特勒还是不同意，他满怀信心地从口袋里掏出了早就准备好的演讲稿，开始侃侃而谈：

"这3个师必须用在河曲部！尼科波尔必须守住！有6个原因：第一，经济上，尼科波尔的锰我们不能失去；第二，守住尼科波尔才能守住克里米亚，失去克里米亚，从塞瓦斯托波尔起飞的轰炸机就能轰炸罗马尼亚的油田；第三，如果罗马尼亚被炸了就会倒戈，我们东南瞬间就会空出一大块；第四，丢了克里米亚之后，土耳其从黑海给我们运铬矿石的货船也会被炸，那土耳其也会退场；第五，我们也不能从西线调人，因为有情报显示联军就要在法国登陆了，要抄我们的后路，不能不防；第六，我们也不能从北方集团军群调人，这样北线就会被迫后退，芬兰肯定跑路，我们就会失去对波罗的海的控制，就没法从挪威再进口铁矿石了。现在你还有什么想说的吗？"

"没有了，元首。"

整个12月，苏军各部门都在"宜将剩勇追穷寇"，对德军各个节点发起全面总攻，今年的总攻就没停过。1944年1月4日，曼施坦因飞回大本营，再次强调，要把南侧的兵力往北侧转，缩短战线才是唯一的出路，否则整个南侧要被"套娃"了啊。希特勒也知道形势很差，但还是不肯弃牌，要求继续坚守尼科波尔，但同时北侧也要守住。虽然希特勒这个人考虑问题很全面，但真的不是一个好的决策者，关键时刻，他不敢取舍。顺境的时候，1940年他不敢赌，叫停了敦刻尔克前的古德里安。逆境的时候，1943年他在乌克兰又不肯放手，不懂得止损。赢的时候不能多赢，输的时候不能少输，牌这样打，不就真成渣渣了吗？其实打不打，退不退，还是得请专业人士做判断。例如，东岸这个尼科波尔桥头堡，一线的项目负责人都告诉你肯定搞不定，那还说啥呢？不放弃有用吗？你的意愿能扳倒客观事实吗？曼施坦因已经是很优秀的人才了，有理论水平，有实战经验，还有成功案例，目前又正在一线岗位上，他的意见你不听听谁的呢？你还指望给你配一个什么手下？南云忠一吗？在这一点上，斯大林就比他聪明，从1942年开始，斯大林就明白了，既然自己不擅长微操作，就让专业的军事人才去操作啊！

会后，曼施坦因要求单独和希特勒掏掏心窝子："我仔细想过了，当前我们部队最主要的问题，并不是一城一池具体战法上的问题，还是管理上的问题。我还是那个观点，东线必须有一个总参谋长，现在这样真的不行。"

希特勒却不肯把心窝子掏出来，再次暴跳如雷，怒吼道："胡扯！总参谋长有个啥用！你连我的话都不听，你会听他一个总参谋长的？你是想自己玩儿吧？"

至此，曼施坦因终于心灰意冷，不再进言。

随着战局的恶化，1944年1月27日，希特勒将东线所有司令都召集到大本营，搞了一场封闭式洗脑大会。会上不谈具体的战略问题，只是重点强调他更擅长的信仰和忠诚。先训了一通话之后，希特勒幽幽地来了这么一句："等到末日来临那天，我的将军和元帅们，能成为奋战到最后的人就好啦！"

所有人都沉默不语，会场内的气氛已经降至冰点。大家以为这尴尬而耻辱的时刻就要过去了，没想到，元首意犹未尽，又来了一遍："等到末日来临那天……"突然有人高声打断了他："我的元首，我们肯定会的！"全屋子人都吓了一跳，定睛一看，喊这句话的是曼施坦因。希特勒已经好几年没被人这样打断过了，一下子也蒙了，过了好久才回复道："谢谢你。"双方心里都知道，两个人的亲密关系，已经走到了尽头。

1944 年 1 月 31 日，苏军终于攻占了尼科波尔。第 6 集团军及时撤出，避免了被合围的厄运，但是重装备几乎全部损失，等于是废了。如果两个月前按照曼施坦因的建议主动撤退的话，不但装备可以撤出来，而且这部分兵力可以调去北翼，顶住苏军的突进，不至于搞成这样。战火烧到乌克兰之后，希特勒相继失去了顿涅茨的煤、扎波罗热的钢、尼科波尔的锰。这段时间元首每天肯定都是哭醒的。

更大的麻烦接踵而至。1 月 25 日，基辅的英雄克拉夫琴科和普罗霍洛夫卡的英雄帕维尔·阿列克谢耶维奇·罗斯米斯特洛夫成功会师，将超过 8 万德军牢牢合围，这就是著名的"切尔卡瑟钢铁口袋"。德军这次提供了充分的救援，天上飞的，地上跑的，一样不少。80 辆虎式坦克和豹式坦克组成的贝克重型装甲团一度突进了相当长的距离。这时候，苏军的主基地也终于升级完毕了，"三本"主基地的高级兵种——斯大林重型坦克（IS）上线，它的前装甲居然有 120 毫米厚，火炮是 85 毫米口径，后期又弄上了 122 毫米口径。这次战斗顶住了德军的进攻，双方打成平手。2 月 16 日夜晚，被困德军开始总突围，一度突进到离援军很近的距离，但最终还是未能成功，只有极少数德军逃出，5.5 万人伤亡，1.8 万人被俘。

对苏联而言，2 月 29 日是悲伤的一天，俄罗斯英雄瓦图京被乌克兰叛军伏击，身受重伤，2 个月后去世。苏德之间的战争，一年多之后就结束了。俄乌之间的残杀却时断时续地跨越了一个世纪，直到今天，还血流不止。

3 月 10 日，乌克兰第 2 方面军攻占西乌克兰最重要的铁路节点——乌曼；第二天向切尔诺夫策发起突击；3 月 26 日，强渡了普鲁特河抵达罗马尼亚。当日，乌克兰第 3 方面军开始进攻黑海港口重镇——敖德萨。到 3 月底，整个乌克兰已被全面击穿。曼施坦因希望借助乌克兰比较大的面积来用空间换时间，但在希特勒的疯狂逼迫下，难以完全执行。苏联不仅夺回了乌克兰富饶的土地和资源，还顺利夺回了这个区域大量的人口。至此，苏德战场胜负的天平完成逆转，德国的失败已是时间问题。

1944 年 3 月 30 日，曼施坦因被突然召回大本营，希特勒为他举行了隆重的授剑仪式，相当于是进入德三帝国名人堂。然后希特勒向曼施坦因宣布，他即将获得体面的退役。希特勒对他表示了感谢，然后直截了当地说，当前已经不需要他这种擅长战略设计的人才了，说白了就是"进攻型球员"没用了，现在球队需要的是一个执行力强的"防守型后腰"。很明显莫德尔更适合这个岗位。希特勒也没有看错人，在剩下的时间里，莫德尔确实是忠于职守，不离不弃，最终和希特勒共赴黄泉。曼施坦因黯然起身，离开了希特勒的办公室，就是在 1940 年的这个时候，他向希特勒递上那份隆中对——"曼施坦因计划"。那年，德国横扫西欧、雄霸天下。短短 4 年之后，二人都已历尽沧桑，遍尝荣辱，也已渐行渐远，形同陌路。其实也不能说短短 4 年，过去的 4 年，仿佛有整整一生那么长。出门的时候，曼施坦因刚好见到了站在门口的继任者莫德尔。二人相对无言，只是心如死灰地交换了一下眼神。莫德尔即将接过重担，成为德军谢幕时段的主角。

第十一章

进击诺曼底

1944 年诺曼底战役

　　对进攻方，起航了，就没有退路可言；对防守方，海岸线，就是活命的底线。这场生死搏击，就是举世闻名的诺曼底登陆。是它，让第二次世界大战提前结束。

　　我们先从盟军的视角看一下如何选择登陆地点。它需要以下满足几个条件：

　　（1）在英国空军飞行半径之内。

　　（2）登陆点要离最终攻击目标——德国鲁尔区比较近，这样补给线不会太长。

　　（3）不能直接进攻港口，因为那里的防守太严密。

　　（4）登陆的海滩周围得有一个港口，登陆成功后，必须占领这个港口，才能让增援的大部队快速靠岸。

　　在西欧沿海，有5个地点可供选择。最西边的布雷斯特是个不错的港口，但是航行距离太远，登陆点离鲁尔区也太远。最东边的荷兰和比利时，好的港口有很多，但是离德军的空军基地太近，太危险。从西边数第二个地点是康坦丁半岛，航行距离比较短，那里还有瑟堡港，但是那个区域地形狭窄，如果被德军在半岛根部一堵就危险了。

从东边数第二个地点是加莱海峡的海岸，这里各方面都不错，唯一的问题就在于太完美了，所以德军的防守特别严密。剩下第 5 个选项，就是中间的那个点——法国诺曼底大区的卡尔瓦多斯海岸，从这里登陆可以快速占领卡昂港，卡昂港虽然小，但是应该比较容易拿下。最终，德怀特·戴维·艾森豪威尔将登陆地点，就敲定在了诺曼底。

为了迷惑德军，盟军开展了一系列欺骗行动。他们先是找了一个"山寨版"的伯纳德·劳·蒙哥马利，一直在北非晃荡，还时不时有意无意地放出一些整编英美联军的消息。德国间谍一看，主将在这里，盟军是准备在法国南部登陆啊！得加强防守。这还没完，盟军在英国还有一出大戏，叫"刚毅行动"。这个行动分为北方刚毅和南方刚毅。北方刚毅项目组专门请到了华尔街的"金融专家"，在苏格兰沿岸组建了一个巨型"诈骗中心"，番号是英军第 4 军。他们每天的工作就是在小屋子里二十几个人互相发电报，用的加密方式难度适中，反正肯定能被破解，台词都是些"我们那 1800 双雪地靴做好了没有""汽车连急需低温状态下发动机工作手册"之类的内容。德国间谍一分析，便很容易能得出盟军要在挪威登陆的情报。所以希特勒在挪威直接安排了 13 个师的兵力。他不敢不防。试想这些士兵如果在法国，那防守力量肯定得加强很多！

再说南方刚毅，这个更绝。这个项目组斥巨资请到了好莱坞的专业人士，在加莱正对面的多佛尔成立了一个美国第 1 集团军（剧组），布置了大量充气坦克和用木料、帆布制成的假飞机。为迷惑德国人，这个集团军的领导由被德国人认为是盟军最善于进攻的将领——乔治·巴顿担任。为制造紧张气氛，各种纪录片、新闻一顿拍摄，估计每天就和电影《甲方乙方》的场景差不多。乔治·巴顿在会议室里一通吆喝："布拉德利，你的部队现在在哪里啊？……太慢了！你必须在天黑以前，攻占莱茵河！"德国间谍一看，乔治·巴顿在这里，那还是要在加莱登陆啊！总之，看哪里都像登陆地点，是处处都可能，处处都得防。

还有一件事情值得一提。1944 年 4 月 27 日，盟军在英格兰南部的斯拉普顿沙滩进行代号为"猛虎"的登陆演习，这次演习变成了悲剧，2 艘登陆舰被德国鱼雷直接击沉，700 多人当场身亡。更要命的是，希特勒突然福尔摩斯上身，推测出盟军选在斯拉普顿沙滩演习的原因是这里的地质结构和海峡正对面的康坦丁半岛及卡尔瓦多斯海滩很接近，否则英国有那么多海滩，他们为什么偏要选那么危险的地区演习呢？所以盟军的登陆地点，很有可能就在诺曼底地区。换句话说，这个世界上第一个猜对盟军登陆地点的人居然是晚年的希特勒！ 1944 年 5 月，希特勒要求加强诺曼底地区的防御。

我们借着希特勒的出场，回到德军视角。1942 年 9 月，就在德军在斯大林格勒苦战之际，希特勒下令修建大西洋壁垒，那也是他人间清醒的最后时光了。用他自己的话说就是我们要用混凝土对抗炸弹和炮弹。他要求工程在 1943 年 5 月 1 日完工，但是实际上到了 1944 年 5 月 1 日，工程也没能结束。长城不是一年建成的。最开始，希特勒押宝在加莱海峡，认为那里是盟军最可能登陆的地区。1943 年夏天，他又把即将完工的高科技产品 V–1 导弹的发射基地也放在了加莱地区。这等于是专门放了片奶酪，做了个捕猎夹，等着盟军上钩。

我们再来梳理一下双方主将。1943 年 2 月，在北非的凯塞林山口战役中，隆美尔和艾森豪威尔狭路相逢，当时技术领先的隆美尔击败了兵力占优的盟军司令。大约一年后的 1944 年 1 月，隆美尔和艾森豪威尔同时在英吉利海峡两边上岗，分别担任"大西洋防线"总指挥和"霸王行动"总指挥，这次更可谓是"仇人相见分外眼红"。二人虽然都患有严重的高血压，但他们要做的事，恰恰是去推进人类历史上最血腥的一场战争。隆美尔上任之后强调要加强海滩的防守，甚至希望把装甲力量就布置在海岸线。一旦盟军登陆，趁他们立足未稳，一个反冲击，把他们赶下海。但是隆美尔的上级，西线总指挥伦德斯泰特老将军强烈反对，他认为美国的舰炮火力太猛，一旦把坦克放在前面，很容易就被击毁，还谈什么反冲击？应该把坦克放在后方，等盟军往内地进军时，再迎上去，和他们近战。隆美尔却认为美国的飞机更厉害，把坦克放在后面，美军飞机一轮轰炸就成铁渣渣了，根本等不到近战，所以应该把坦克放在前面。"我们没有制空权，可谓寸步难行，必须赶紧亮剑，一旦敌军登陆成功就难打了！"这两人彼此说服不了对方，只好把各自的想法上报给希特勒，希特勒觉得两人都有道理，便出了个折中方案：给隆美尔 3 个装甲师，然后把 4 个装甲师放在后方，但只有希特勒本人才有权调动这 4 个师。这样希特勒自己也安心了。这种混乱的战术思路和管理模式让本不富裕的德军雪上加霜。在登陆地点上，隆美尔推测会在加莱，在那里使用了最多的混凝土等物资，但从 1944 年 5 月开始，根据上级的新指示，他也开始增强诺曼底地区的防御，可留给他的时间不多了。

这是一场史诗级的决斗，攻方和守方都在紧锣密鼓地准备着。先看盟军，最早的一批美军很早就开始接受训练了，如第 4 师第 8 步兵团，从 1941 年 7 月即开始启动，教官名叫詹姆斯·奥尔沃德·范佛里特。这个名字是不是很耳熟啊？ 3 年后，他们成为在犹他海滩第一批登陆的精锐突击队。3 年训练，就为了那一天！这才叫真正的有备而来。

反过来看德军，甚至不能说是训练不足，根本就是没训练。1944年年初，一个下级军官请示隆美尔，能不能给部队搞一次射击训练，很多士兵连枪都没开过。隆美尔却认为训练射击纯属浪费时间，修建碉堡才是当务之急。因为隆美尔心知肚明，他手下的这帮士兵自身素质很差，有大量不到16岁的和超过60岁的，还有很多受过重伤没完全恢复的，到处充斥着老弱病残。除此之外就是外国俘虏，有法国人、波兰人、俄罗斯人、格鲁吉亚人，这些外籍劳工完全没有战斗意志，练了也是白练，不如让他们抓紧干活，把工事修得牢固一些，还能多顶一阵。总之，在人员素质上，盟军碾压德军。

再说盟军的装备。那些常规的装备先不谈了，就专门说说为登陆准备的两个"神器"。

第一个"神器"就是新款登陆艇。船商希金斯的方案在竞标中胜出。这款登陆艇看上去也没什么特别，但却是极其伟大的发明。一般的军用船只肯定是金属制造，又大又慢，但希金斯艇却体积很小，而且只有最前方那一面是金属的，其余部分都是胶合板，所以吃水极浅，可以很快速地开上岸。再加上其本身较轻，很容易就能再撤回海里，去接下一批人。

第二个"神器"就是水陆两栖坦克。这种坦克的腰部围了一圈充气的救生圈，可以浮起来，这样坦克就能自己行驶完最后一段路程。这些在当时都属于相当科幻的新式武器。

再看德军，花样就更多了。布在最外围的是阻挡舰队用的水雷，接下来是一种T形的装置，就是斜木桩上顶个地雷，反正一看就是不怀好意。在接近海滩的地方还设有一种叫"拒马"的装置，三四条钢轨焊在一起，落潮的时候还能看清楚，涨潮的时候它们就在水下，根本看不见。这种装置能扯掉登陆艇的底部，但隆美尔肯定不知道盟军的新型登陆艇吃水那么浅，所以这些装置并没有太大的用处。我们以奥马哈海滩为例，悬崖下部和中部嵌入了几百个火力点，那是一种混凝土圆形洞窟，叫作托布鲁克，里面有机枪、迫击炮，甚至还有从坦克里拆过来的旋转炮台。在悬崖顶部，有 8 个混凝土暗炮台，配置了 75 毫米火炮和 88 毫米火炮，炮台周围布置了大量的跳雷和铁丝网。这些混凝土的质量是真的很好，在作战日挨了无数的轰炸，都依然完好。

直到今天，法国沿海还有很多当年修的工事，实在是太硬，难以拆除。在奥克角，有 155 毫米巨型岸防炮，可以直接打击临岸的军舰。再往内走，可以看到在很多开阔地都插入了巨大的木桩，美其名曰"隆美尔芦笋"，它是阻挡滑翔机降落的，这些"隆美尔芦笋"可以给飞机开膛。除了这些，隆美尔也实施了迷惑策略，修了大量豆腐渣工程，插一根圆木冒充炮管，这些迷惑工程从飞机上往下看，和炮台一模一样，也吸引了很多炸弹。总之，当时人类能想到的方法德军也都准备了，隆美尔为了这次考试也算是尽了全力。

再说整体的局势。1944 年能组织诺曼底登陆的前提条件其实已经很充分了。1943 年上半年，盟军彻底制服了卡尔·邓尼茨的潜艇部队，现在他们龟缩在基地里，只敢偶尔出击。这样大西洋的航路畅通了，美国才能把海量的物资运到英国去。1944 年，法国上空已经没什么德军的战斗机，它们都撤回去守卫德国本土领空了，所以盟军可以尽情轰炸。从 1944 年 2 月到 5 月，盟军已经把法国的所有铁路、公路和桥梁炸了个遍，法国北部的交通已经是稀巴烂了。制空权和制海权都被盟军拿下之后，大规模跨海登陆才会成为可能。

接下来说说登陆的时间。盟军当然要选择一个对他们最有利的日子。但什么叫最有利呢？不同的部门意见并不一致。海军希望白天渡过英吉利海峡，这样舰队不会混乱，舰炮的火力支援也最准确。但陆军希望夜里渡过海峡，这样可以在黎明发起登陆，出其不意，把伤亡减到最小，而且可以有很长的一天在海滩立足。最终艾森豪威尔照顾了陆军。还有，跨海那一夜必须有至少半个月亮，可以给舰队和伞兵提供一些照明。以上这两点隆美尔也都想到了，隆美尔也认为盟军会选择黎明发起登陆，而且前一夜要有月亮，但接下来的一点他想错了。隆美尔认为盟军发起登陆会在满潮的时刻，这一天得是黎明的时候满潮，这样海滩的距离最短。但艾森豪威尔希望登陆的时刻是在涨潮期间，这样登陆艇上岸后，很快就能被潮水带回大海去载下一波人。总之，这个貌不惊人的希金斯艇改变了所有策略树。一步错，步步错。6月1日，隆美尔仔细核对了当月的日历，能凑齐黎明、满潮、月光三要素的日子都在6月20日之后，而事实上盟军在找的是同时满足黎明、涨潮、月光三要素的日子，6月有两段时间，一段是5日至7日，一段是19日至20日。艾森豪威尔最终敲定，6月5日为进攻发起日。

6月3日黄昏，盟军舰队陆续启航。但突然天降暴雨，狂风巨浪，盟军只好另择他时启程，整个舰队就在海里原地颠簸。对于船上成千上万的士兵而言，这真是难熬的一天，他们本来已经鼓起勇气去英勇冲锋了，但现在只能时不时突然掏出呕吐袋狂吐不止，英勇冲锋的豪情大打折扣。眼看几十万大军骑虎难下，幸亏6月4日晚上气象专家带来了好消息，接下来大概率将有36个小时的晴天。真是苍天有眼，艾森豪威尔仔细地思索之后，决定赌一把，就在他将进攻的指令发出之后，欢呼声响彻整个司令部——进攻日被重新定在 6 月 6 日。猛虎们，出笼吧！

6 月 5 日凌晨，浩浩荡荡的舰队陆续驶向英吉利海峡。6 月 5 日晚间，运载伞兵部队的运输机起飞。伞兵部队由 1.3 万美国人和 7000 英国人组成。他们的任务是在海滩后方破坏通信和交通，制造混乱。6 日凌晨 12 点半左右，战斗机队抵达诺曼底上空。德军的高射炮弹幕密集防守，不断有飞机被击中，飞行员本能地加速，并且催促伞兵出发，虽然此时跳伞初速度会过大，非常危险。但当时的情景已是极其混乱和紧迫。伞兵们的脚下是漆黑的深渊，有很多危险等待着他们，如在空中被高射炮炸开的弹片削死、落入河里被沉重的装备拖累淹死、落入敌阵中被乱枪射死、落入点燃的谷堆被活活烧死……在当年诺曼底的那个夜空，你觉得需要多少勇气，才能毅然决然地纵身一跃？

由于空投时过于混乱，大多数幸存的伞兵并没有在预定地点落地。他们悄悄地找寻着同伴。当然，能够聚集在一起的大多数人也不是一个连队的，早就乱了。例如，101 师的师长是马克斯韦尔·达文波特·泰勒少将，他落地的位置非常偏，没有任何友军，也没有任何敌军。他找了二十几分钟才找到第一个战友。当时是怎么接头的呢？有两种方法：第一种是喊口令，问题是"Flash"（闪电），回答是"Thunder"（雷鸣）；如果太远了听不清楚，还有一种叫"响板"的东西，那边"啪"打一下表示呼叫，这边"啪啪"打两下表示收到。竹板这么一响，就是自己人。泰勒用竹板，找到了两个自己人，然后就这么一路找到了十多个人。然后泰勒带着他们找到一个灌木丛，拿手电筒准备看一下地图，结果发现大家都能掏出地图。哟，都是有身份的人啊！这一看，好嘛！这一圈人，一个少将、一个准将、一个上校、三个中校、四个中尉，再加上十来个大头兵。泰勒幽默地说道："在战争史上从来没有如此少数的人，受如此多数的人指挥的先例。"

各股伞兵就地重新搜索目标，如哨兵站、巡逻队、高炮阵地等，实在不知道该干吗，就去剪电话线。这批训练有素的士兵重新定义了"伞兵游勇"这个词，仅仅一夜时间，卡昂到瑟堡最重要的道路被占领，数座桥梁被炸，若干指挥部被端，大量高射炮和岸防炮被摧毁，无数电话线被破坏。在登陆正式发起之前，德军的后方已经千疮百孔。这极大地干扰了之后德军对岸边的增援。

即将展开的诺曼底登陆，从西往东将依次有 5 个海滩，分别是犹他、奥马哈、黄金、朱诺、宝剑。美军负责西边 2 个，英国和加拿大部队负责东边 3 个。其中最凶险的是奥马哈海滩，正对沙滩就是悬崖，这里简直是天生的防守要塞，无法包抄，只能死战。隆美尔也在这个海滩修筑了最多的障碍和据点，因为另外 4 片海滩都无险可守。隆美尔知道，假如盟军真的在诺曼底登陆，奥马哈海滩是最有机会守住的。没有人想进攻这种区域，但这里又不得不攻，否则犹他海滩和黄金海滩之间的缺口就会太大。

我们将视线移回海上。海面上航行着一支庞大的舰队，浩浩荡荡，气吞山河。走在最前面的是 255 艘扫雷艇，他们要为整个舰队扫清航道。紧随其后的是坦克登陆艇纵队，全新的水陆两栖坦克将首先上岸，为步兵提供掩护。之后是火力支援舰队，由 6 艘战列舰、20 艘巡洋舰、68 艘驱逐舰组成。紧跟着他们的是海量的运输舰和坦克登陆舰，舰上不计其数的步兵们将在换乘区登上希金斯小艇，一往无前地冲向沙滩。

1944 年 6 月 6 日 5 点 20 分，就在天刚刚亮的时刻，盟军轰炸机准时抵达，开始投弹。诺曼底海滩一片火海。5 点 40 分，舰队开火。大海在怒吼，大地在颤抖，无数铁拳砸向德军的工事，事实上，很多德军是被震晕过去的。可惜大多数炮台并没有被摧毁，它们真的是太坚固了。但盟军士兵并不知道，因为看上去它们已经被炸得差不多了。在这样的情况下，登陆开始了。

接下来，我们将聚焦于最为残酷的奥马哈海滩。按计划坦克登陆艇在离岸 5 千米的地方放水陆两栖坦克入水，但 6 月 6 日那天的风浪太大了，和训练的时候完全不一样，沉重的坦克根本还来不及浮起来就被浪拍下去了，坦克驾驶员连逃生的时间都没有，就连同坦克一起沉入海底。据统计，32 辆坦克整整沉了 29 辆。

接着，我们就从《拯救大兵瑞恩》中，汤姆·汉克斯扮演的米勒上尉的视角，去奥马哈海滩的鬼门关走一趟。当希金斯艇的斜门被打开的瞬间，冷酷的子弹扑面而来，前排的士兵纷纷倒下。米勒大喊：从两边下船。有人问为何登陆艇不从旁边或者后面开门，前面不是很危险吗？有专家专门分析过，因为登陆的关键是迅速上岸，上了岸就能快速移动，如果在水比较深的地方先下海，那在水里的移动速度会极慢，上岸的过程会被拖得很长，很容易被机枪射死。还有就是他们身上背的装备是非常重的，如果不能直立身体蹚水，是很容易被淹死的。

米勒上尉刚从水中死里逃生，和普通士兵一样，他整个人也是蒙的，我是谁？我在哪？我是活着还是已经死了？突然，一声爆炸把他拉回了现实，我是战士！这里是战场！我还活着！我要去完成我的使命！米勒发现了一连串的致命问题：首先，沙滩上没有坦克掩护；其次，沙滩上没有 B-17 轰炸机应该炸出来的散兵坑。实际上，高空投弹很不精确，大多炮弹都丢进了海里；再次，飞机和舰炮没有摧毁德军的工事；最后，德军火力凶猛，斗志旺盛，不像是情报部门说的那么不堪。事实上，隆美尔早就把奥马哈海滩的杂牌军 716 师换成了强悍的德军 352 师，人数也不是一个营，而是满编的 3 个营。当然这是事后才知道的，但总之眼前的情况和战前规划的没有一点吻合。艾森豪威尔有一句名言用在这里真是再恰当不过了：交战之前计划就是一切，除非开战。

回过神来的米勒，开始担负起领导的职责。他招呼士兵们离开滩头，赶紧冲到前方 200 米处的卵石堤岸。有人不愿意动，米勒非常清晰地告诉他，滩头的每一处都被瞄准了，不动就是死路一条。他带头往前冲，带着很多人冲到了卵石堤岸。这里虽然是德军机枪的射击死角，但又会成为迫击炮的目标，也不宜久留，必须赶紧寻找下一个落脚之处。米勒最先想到的是呼叫舰炮，但通信设备坏了打不通。事实上，因为他们下船太混乱，几乎所有通信设备都掉海里了。这批士兵无法联系舰队，只能自生自灭。

由于通信不畅，每一个单位都只能自己琢磨如何战斗。虽然没能得到炮火支援组从海滩发回的指令，但海军并没有袖手旁观。驱逐舰"麦库克"号是第一个行动起来的，它冒着搁浅和被岸炮击毁的危险，逼近海滩，带头向悬崖上的火炮阵地开炮。在 1 个小时的持续轰击后，有 2 门德军火炮被摧毁。随后更多的驱逐舰加入进来，边驶向海滩，边开炮边支援。海军的火力打停了很多德军的火力点，帮了大忙，但最终能否突破敌人的防线，还得靠步兵自己。

很少有人知道，在上午 9 点 30 分，美国第 1 集团军总指挥奥马尔·纳尔逊·布拉德利，已经开始思考如何撤退了。望远镜里只有弥漫的硝烟，什么都看不清，从海滩回来的艇长们不停地汇报着一塌糊涂的战况。抢滩成功似乎已经没有希望了。其实就算真要撤退也有难度，第一是命令一下传不过去，第二是你得把刚才的路线再走一遍，那基本就会全军覆没了，而且很多希金斯艇已经被击毁了。另外一个选项是让接下来的部队从犹他海滩或者黄金海滩登陆，但是这就意味着已经上岸的人要牺牲，而且这个 60 千米的缺口也要危及整个"霸王行动"。这真是左右为难。布拉德利决定，再给岸上的士兵们一些时间。

此时，米勒正带着战友们殊死奋战。要么对手死，要么自己亡，反正今天只有一方可以活下去。这时候突击工兵到了，他们扛来一根宝贵的爆破筒，在当时危急的情况下，能把它运上岸还真不容易。大伙用它炸开了铁丝网，接下来还有很多排雷和攀岩的工作，米勒带着步兵们步步惊心地往上爬，逼近了掩体。一旦被敌人接近，碉堡里的人基本只能等死，对于碉堡内的人来说，催泪弹、手雷、喷火器都是他们的催命符。就这样，德军高处的据点被一个一个拔掉。终于，沙滩上的美军从打开的缺口冲了上来，德军被击溃。在没有坦克开路的情况下，美军靠步兵突破了奥马哈的防线！米勒找到了一台步话机，向舰队报告战况。这个时间，应该是在下午 1 点左右。

早在几个小时以前，另外 4 个海滩都已经被突破了。向内地推进的战斗一直持续到天黑以后。同时，大批后续部队从各个滩头鱼贯上岸。到当晚 10 点左右，已经有十几万盟军通过诺曼底地区，重返欧洲大陆。在登陆过程中，盟军伤亡约 4900 人，和参战的总人数相比，这算是一个很小的数字了。

我们来看一下德军的应对措施。当天隆美尔很快就失联了，因为他要从老家赶回前线，但德军又没有制空权，所以他没法乘飞机，只能在乡间小道上开车狂奔。伦德斯泰特倒是非常清醒，早在登陆发起前 2 小时，他就试图让 12 党卫军装甲师向卡昂移动，因为他觉得夜里的空降规模那么大，不可能是佯攻。另外，当时阴云密布，如果此时出发，盟军的飞机一点办法都没有。但是这个计划偏偏没能执行，因为装甲师必须得到希特勒本人的指令才能行动。而前一晚希特勒工作到很晚，这时候正在补觉，大家都不敢叫醒他，所以装甲部队就这么傻等。一直到下午 4 点，希特勒才正式批准装甲师出发。

这时候已经晴空万里，天上全是盟军的飞机，坦克刚出发就得去钻小树林，等天黑再继续赶路，于是就错过了战斗的最佳时机。

当然盟军也不是事事如意。原规划是 6 月 6 日当天就要占领卡昂，但由于盟军过于小心，伯纳德·劳·蒙哥马利打了一个多月才攻克卡昂。盟军在康坦丁半岛的进度也很慢。但不管如何垂死挣扎，在西欧撕开缺口之后，德国遭到两面夹击，已无力回天了。

第十二章

巴格拉季昂

1944 年白俄罗斯战役

在 1942 年和 1943 年连获两届"柏林电影节最佳男配角"之后，莫德尔终于把"戏霸"曼施坦因熬走了，荣升东线的 C 位——北乌克兰集团军群司令。他一边调集资源，一边准备表演。但下一场大戏，并没有从他那里开拍。

1944 年 3 月，苏军总参谋部开始研究 3 个月以后的夏季攻势，当前有 3 个方案可以选择。第一个方案，从乌克兰方向杀入波兰南部和巴尔干，把希特勒的那些摇摆状态的"加盟商"都逼出局，然后从南面包抄德国；第二个方案，向西北打穿德军的防线，直达波罗的海，把白俄罗斯的中央集团军群一锅端；第三个方案，在北方先击垮芬兰，然后沿着波罗的海平推，从北面逼近德国。但是它们都有点毛病。第一个方案速度不够快，跑偏了；第二个方案力量不够强，想得太美了；第三个方案收益不够大，走窄了。

就在大家一筹莫展之际，有人提出了第四个方案，就是直接进攻白俄罗斯的中央集团军群，就踢中路，勺子点球！所有人先是一愣，再仔细一想，这个方案有道理。当前普里皮亚季沼泽北边的德军形成一个突出部，如果把这个突出部迎头砸碎，不但可以彻底收复黄金宝地白俄罗斯，还能切断北方集团军群的退路，而且这里是通往柏林最近的一条路线。一般来说，对上这种突出部地区，都是从两侧进攻，钳形攻势，就像库尔斯克战役德军自己干的事一样，不大会对着头部猛击。所以这条路线反而会让德军意想不到，一举多得，妙啊！斯大林立刻拍板，并将这场白俄罗斯战役用 1812 年卫国战争中的战斗英雄进行了冠名，他的名字叫作彼得·巴格拉季昂。

当然，从这个方向突进也有难度。白俄罗斯有若干坚固据点，比如阵线最边缘的维捷布斯克、奥尔沙、莫吉廖夫、罗加乔夫这"四大金刚"，在 1943 年的秋冬，都让苏军狠狠地碰了壁。当时希特勒有一种想法就是，苏联人防守不错，但是进攻有问题，就是比较一根筋，有时候会显示出一种毫无必要的急躁，多次在反攻中自动搞出巨大伤亡。所以希特勒希望能通过玩命的防守，高效地杀伤苏军。等苏军都死光了，自己也就稳住了。这就犯了"火鸡科学家"的错误，过去并不等于未来。1944 年的苏军早已鸟枪换炮，今非昔比，前面苏联坦克，后面美国卡车，钢铁洪流已经涌现。这种机械化程度平推就能抹平你。由于坚信自己的防守哲学，希特勒高调宣布，东线重要据点全部升级为要塞，负责这个据点的军官甭管原来是什么头衔，一律升级为"要塞司令"。设计师 Tony 原地变身总监 Tony！元首现在只剩下封官比较痛快了。东线重要据点成了要塞之后，就地增加粮草和弹药储备，然后这支部队就不准移动了。墙上贴好标语：坚定守住，就有办法。

1944 年 5 月 22 日至 23 日，苏军召开作战计划研讨会。进入本项目组的同事屈指可数，斯大林、朱可夫、华西列夫斯基、安东诺夫，再就是空军司令亚历山大·亚历山德罗维奇·诺维科夫、波罗的海第

1方面军司令伊万·赫里斯托福罗维奇·巴格拉米扬、白俄罗斯第1方面军司令罗科索夫斯基和白俄罗斯第3方面军司令伊万·丹尼洛维奇·切尔尼亚霍夫斯基。除此之外，连白俄罗斯第2方面军司令都没被拉进群，因为不涉及，会议的保密程度就那么高！

德黑兰会议上，斯大林对丘吉尔说："我给你交个底，我们会在某个时刻、某个地段，发起某次关键的进攻。"

丘吉尔感动地回答："听我说，谢谢你解释得如此详细。"

会上，原总参谋部陈述初步设想，由巴格拉米扬的波罗的海第1方面军和切尔尼亚霍夫斯基的白俄罗斯第3方面军在维捷布斯克合围德军，同时，由罗科索夫斯基的白俄罗斯第1方面军在博布鲁伊斯克包围德军，然后两路大军继续猛进，在明斯克再次合围德军。

但是罗科索夫斯基提出了异议，他说："根据参谋部的意思，我的部队仅仅是从罗加乔夫出击，但是这地形我仔细研究过，太窄了展不开。我建议从罗加乔夫和帕里奇同时出击，不分主次，敌人定然陷入混乱。"

斯大林觉得这样兵力太分散，予以驳回，同时责令罗科索夫斯基好好反省。罗科索夫斯基深刻反省了一番，但是坚持自己的想法。

他认为这就是最好的路线，如果不批准，那就请免去他司令的职务。

斯大林想了一下，终于慈祥地说："既然你那么坚持，那就这样吧，但是啊，罗科索夫斯基同志，要立军令状哟。"

罗科索夫斯基立下军令状，并出色地完成了任务。正所谓富贵险中求，1944年6月29日，他荣升为苏联元帅。

进入6月以来，希特勒头痛欲裂。6月6日，17万人突然来到诺曼底，德军手忙脚乱，损失惨重。6月10日，苏芬边境的卡累利阿战役打响，眼看加盟商芬兰要打退堂鼓，希特勒只好承诺追加投资，稳住伙伴。他可不能失去波罗的海的潜艇基地。6月20日，OKW参谋长威廉·鲍德温·约翰·古斯塔夫·凯特尔元帅宣布，大家切勿恐慌，苏德战场即将"暴雷"都是捕风捉影。苏军肯定会等盟军在诺曼底地区形成重大突破之后，才会进攻。然后，如果苏军要进攻，肯定会在乌克兰开打。所以东线的防守上，要继续重点关注南线。但最后苏军却选择了从白俄罗斯发起进攻，时间是他预测的48小时后。狠狠打了这位专家的脸。

我们都知道，凯特尔的身份主要就是转达元首的意思。那希特勒为啥做出这样的判断呢？或许在他心中，所谓盟友都是塑料兄弟。当初他让日本人夹攻苏联，日本人死活不动，明显就是想等着德军攻破莫斯科的时候再出手。日德同是法西斯，都还那么不团结，那斯大林是共产党，和英美不就更貌合神离了吗？所以，西线是西线，东线是东线，他们恰恰不会一起开打。更重要的是防守上的预判，常言道"会喊的将军有兵用"，自从莫德尔来了之后，德军不断从中央集团军群抽调部队补充北乌克兰集团军群。

莫德尔坚定地说："苏军肯定会从乌克兰开打，否则你叫我来干啥？"希特勒说："是啊，我之所以叫你来，肯定就是因为苏军会从乌克兰开打。那没错了！"

这就是传说中的"信息茧房"。到6月，加利西亚地区已经集结了8个装甲师和2个装甲掷弹兵师，而中央集团军群只能分到东线5000辆坦克中的700辆。还有一点非常重要，那就是苏联的欺骗计划。通过1943年年底到1944年年初的猛烈突击，苏军的主力确实在乌克兰，但通过一次巨型的秘密调度，苏联把部队挪到了北边。所有车辆只在夜里10点到凌晨4点行驶，而且不开车灯，就靠路边的白色路标判定方向，同时保持无线电静默。通过这次"乾坤大挪移"，最终苏军在白俄罗斯集结了240万人、5200辆坦克、5300架飞机。到进攻发起的那一天，这些力量一夜出现。这一招在国际象棋中就叫"车王移位"。

一出大戏的顺利上演，需要各部门的通力配合。6月19日夜里到20日凌晨，白俄罗斯游击队最先开始行动，从第聂伯河到明斯克以西，一共制造了10500起爆炸，几乎所有桥梁和铁路都被炸断，德军后方的交通完全瘫痪。与此同时，战斗开始前连续两个晚上，苏联工兵开始干一件大事，就是迅速拆掉本方的地雷。方法是地雷不动，但是拔掉引线，这样动静最小。他们两个晚上就悄无声息地拆除了3.4万颗地雷。现在就只剩下德军的地雷了。

1944年6月22日，巴巴罗萨行动三周年纪念日。巴巴罗萨的东方表弟，"巴格拉季昂行动"开始。在维捷布斯克区域，海量的喀秋莎火箭炮和重炮同时开吼，密集的轰炸让德军阵地一片狼藉。这个时期苏军的装备优势非常大，明显超越了德军。

德军在本区域只有40架战斗机，完全无力防守，所以大批伊尔-2攻击机可以自由屠杀德军的重炮阵地。都1944年了，德军大多数反坦克连配置的还是50毫米反坦克炮，根本打不动T-34。辛辛苦苦埋设的大量地雷，被苏军的巨型割草机，也就是安装了假肢的T-34快速扫除。德军要质量没质量，要数量没数量，要人才没人才，要人气没人气。和诺曼底登陆那天的隆美尔一样，中央集团军群司令恩斯特·布施元帅，这两天也刚好去休假了。他们有"每逢大战倍思亲"的传统。

6月23日晚上，第3装甲集团军司令乔尔格·汉斯·莱茵哈特致电恩斯特·布施，要求撤出维捷布斯克。恩斯特·布施向元首转告了司令的指令，元首表示绝对不行，维捷布斯克必须坚守。

到6月24日晚上，看到两个方面军的苏军即将合围，希特勒终于允许撤退，而且为了国际观瞻，还要留下一个师，但为时已晚。

6月25日白天，包围圈已经关闭，突围的部队只能冲向西南方向的沼泽和树林。风水轮流转，血债血来还，撤退的过程沦为一场屠杀，苏军就和1941年德军高歌猛进的时候一样。现在轮到德军溃不成军，尸横遍野了。

最终包括53军军长弗里德里希·戈尔维策在内的1.7万人被俘。留在要塞内的东普鲁士206步兵师就更绝望了，元首要求他们坚定守住直到援军抵达，但这儿里三层外三层的，哪还会有援军？

6月26日晚上，希特尔中将自行决定，先不管元首了，我也得突围！很多德军挺着刺刀发起了"板载冲锋"，为了家乡东普鲁士最后的荣耀。他们如同一战马恩河战役时那样成片地倒下。最终希特尔和剩余的人走投无路，也投降了。这个驻扎了3个师的超级要塞维捷布斯克，仅仅3天时间就崩了。由于希特勒坚持死守，不允许逐步后退做弹性防御，整个白俄罗斯地区的防守成了一个笑话。

实际上，直到6月23日，希特勒还是认定这只是一次佯攻，为的是掩护乌克兰地区即将发起的主攻。这也许是他初期既要求死守又不调增援的原因之一。当你有多个目标要去防守，而又资源不够的时候，确实非常被动，从战略上来讲已经输了。一天之后，他终于意识到，完了，扑错方向了！

6月24日，巴格拉季昂行动南线的战斗也打响了。和之前计划的一样，白俄罗斯第1方面军从罗加乔夫镇和帕里奇镇同时出击。朱可夫亲自坐镇罗加乔夫，罗科索夫斯基在帕里奇。这两个方向分别得到了1400架和900架飞机的支持。虽然苏军火力非常猛，但罗加乔夫的进攻不是很顺利，这里的德军防守太严密。还好罗科索夫斯基当时坚持开启了第二个方向。为了通过沼泽区域，苏军已经研究和训练了很久。步兵们学习了游泳，还制作了专门的雪橇、木筏用于运送机枪和迫击炮。工兵和坦克兵将灌木丛的粗树枝垫在地面上，建造了坦克在沼泽中行进的特殊道路。此时的德军肯定早已忘记4年前的他们是如何绞尽脑汁地穿过阿登森林，震惊全世界的了吧？现在，轮到他们大吃一惊了。

当苏军在烟雾的掩护下，突然从沼泽里钻出来的时候，德军如见鬼魅，防守很快就被压垮了。第二天，近卫坦克第1军就已经向前穿插了40多千米，从南边接近博布鲁伊斯克。紧随其后的是骑兵机械化集群，又继续冲向西方的斯卢茨克，让德军更加精神错乱。

负责这个区域的是战功赫赫的第9集团军，他们曾在维亚济马立过功，在勒热夫扛过枪，在库尔斯克流过血，但今天早已残破不堪，乱成一团。集团军司令已经不是莫德尔了，而是汉斯·乔丹，翻译一下就是"德国飞人"。其实在博布鲁伊斯克东边，德军还真有个后手，那就是直接隶属于中央集团军群的20装甲师，它有足足100辆4号坦克，这在白俄罗斯地区已经算富裕家庭了。但是汉斯·乔丹不知道该把这个球往哪里传，是应该去堵博布鲁伊斯克东边的罗加乔夫，还是应该去顶博布鲁伊斯克南边呢？苏联人的主攻方向，到底在哪里？5月，罗科索夫斯基在会议室里的预言句句成真，真是"细思极恐"。

就这样，汉斯·乔丹拿着球犹豫了一整天，但这一犹豫就三秒违例了。机不可失，时不再来。因为状态不佳，汉斯·乔丹被希特勒主教练替换下场，但已经无济于事。

在罗加乔夫也被苏军突破后，6月28日清晨，第9集团军的主力被围死在博布鲁伊斯克，整个集团军大约只有3万不到冲出了包围圈，其他人战死或者被俘。本来罗科索夫斯基的任务是在8天内攻下博布鲁伊斯克，但他只花了一半的预算，4天就搞定了！

在突出部的头部，白俄罗斯第2方面军也向奥尔沙和莫吉廖夫地区的第4集团军发起了辅助进攻。到6月27日，莫吉廖夫也面临被包围的危险。德军向大本营提出能否撤往明斯克。希特勒终于原地爆炸了："为什么要撤？我在苏联经营那么多年，花了那么多钱，养了这么多人，不就是今天用的吗！莫吉廖夫必须坚守！"但只有一部分人执行了他的命令，大多数人自发地向明斯克逃窜。他们中间一部分在路上被击毙，另一部分又成功钻入了明斯克包围圈，刚出老坑，又入新坑。

接下来的目标就是明斯克。

6月27日，朱可夫打出了他的王牌，由普罗霍罗夫卡的英雄罗特米斯特洛夫率领的近卫坦克第5集团军，从维捷布斯克和奥尔沙中间插入敌阵，威胁德军仅剩的唯一一个通道，也就是莫吉廖夫退往明斯克的道路。当前，无数德军溃败拥挤在这条道路上，这里已成人间地狱。

6月29日，中央集团军群司令恩斯特·布施被撤职，顶替他的是莫德尔，在本集已经快要结束的时候，他终于上位了。此时，他还身兼北乌克兰集团军群司令，可谓权倾朝野，可是他一点也高兴不起来。此时的德军已是兵败如山倒，唯一的机会是守住明斯克。他赶紧从乌克兰调动装甲师去白俄罗斯。战斗完全成为 1941 年的"镜像"，德军效仿当年防守莫斯科的卡图科夫，也让坦克到处蹲坑埋伏，虎豹兄弟大战 T-34/85，罗特米斯特洛夫损失惨重，不得不放慢脚步。但这点数量的虎豹，是不可能阻挡钢铁洪流的，一周时间，德军的坦克也从 159 辆打得只剩 18 辆。

到 7 月 3 日，白俄罗斯第 1、第 2 方面军对明斯克形成了合围，德军第 3 装甲集团军、第 4 集团军、第 9 集团军 3 个集团军的所有余部被困。苏军围死他们之后，又继续向西推进。

7 月 8 日，城内残余的德军放下武器，宣布投降。在明斯克歼灭战中，德军又有 3.5 万人被俘。在巴格拉季昂行动开始后短短两个星期的战斗中，德国中央集团军群共有 40 万人被彻底从地球上抹去。这场战役的俘虏高达 15 万人，他们被送往莫斯科，由 17 个将军领路游街示众。

7 月 13 日，科涅夫的乌克兰第 1 方面军加入战斗，打响了利沃夫—桑多梅日战役。

紧随其后，7 月 18 日，德米特里·尼古拉耶维奇·古谢夫和崔可夫打响了卢布林—布列斯特战役，继续向西平推，苏军的脚步将在下个月终止于维斯瓦河河畔。

由于希特勒越来越"拉胯"的操作已惹来内部的众怒，7 月 20 日，在德国大本营，刺杀希特勒战役打响。一枚定时炸弹在狼穴起爆，可惜被桌子挡住，希特勒躲过一劫。这个事件对德军造成的冲击一点都不亚于白俄罗斯战役。在盖世太保"720 专案组的扫黑除恶行动"中，共有 20 名将军被当场击毙，36 名将军被判处死刑，还有 49 名将军因莫须有的罪名而自杀，包括大名鼎鼎的隆美尔和克鲁格。这相当于这一枚炸弹，一下炸死了 100 个将军，可以当选史上最高效的"斩首行动"了。从此以后，希特勒也患上了严重的神经衰弱，才最终成为我们都很熟悉的电影《帝国的毁灭》里那种憔悴的模样。

1944 年 7 月 21 日，古德里安下岗再就业，出任陆军总参谋长。此时，德意志第三帝国的寿命，还剩最后 10 个月。

第十三章

致命的梭哈

1944 年阿登反击战

莫德尔接任中央集团军群司令后，终于在华沙稳住了阵脚。

1944 年 9 月 3 日，隆美尔惨遭"塌房"，被迫接受"720 扫黑除恶专案组"的审查，并于 10 月被迫服毒自尽。莫德尔再次临危受命，接任西线 B 集团军群司令。他在随后的市场花园行动中手起刀落，力挽狂澜，狠狠地给伯纳德·劳·蒙哥马利上了一课，令后者从此郁郁寡欢，傲气尽散。但德军整体的形势还是极差。德军现在已经是遍体鳞伤，病入膏肓，随时都有可能崩溃。

6 月 6 日，诺曼底；6 月 22 日，巴格拉季昂；7 月 20 日，刺杀希特勒；8 月底，罗马尼亚倒戈；8 月 25 日，巴黎失守；9 月初，芬兰倒戈……噩耗一个连着一个。希特勒陷入重度神经衰弱，度日如年。最可怕的是德国失去了石油的供应，德军被真正卡住了脖子，希特勒的气要吸不上来了。

联军也有自己的问题。市场花园行动和许特根森林战役都损失惨重，推进速度缓慢，而且补给问题比较大。简而言之，联军也缺油，跑得还不快。当然除石油外，联军还缺很多东西。同样一个师，德军需要的补给吨位只有美军的 1/4。

9 月 24 日，美国媒体发表了财政部部长小亨利·摩根索的战后计划，意思就是在德国无条件投降后，对德国进行肢解，然后拆除所有工业设施，使之成为彻底的农业国，日出而作，日落而息。生动一点说就是把德国"二维化"。

这些话说起来很过瘾，很受欢迎，但从博弈策略上说，却恰恰是错了。纳粹宣传部部长保罗·约瑟夫·戈培尔何等狡诈，立刻嗅到了其中的"商机"。他将美国人的这个计划向全国大力宣传，告诉民众现在凶残的敌人要把我们弄成火鸡，我们必须为了人权而战。于是德国本来要崩溃的士气反而又上来了，横竖是个死，不如为了家园拼一把！戈培尔费半天劲都没搞定的全国总动员，居然被美国人给搞定了。

在德国百姓的努力下，1944 年的 9 月、10 月、11 月，顶着联军疯狂的轰炸，常规武器步枪、机枪、迫击炮的产量反而有所增长，坦克的产量确实比 6 月、7 月、8 月 3 个月少了 1000 来辆，但是在捷克组装的突击炮，又有大幅增产。人力这方面，从 9 月开始，党卫军头子海因里希·路易波德·希姆莱奉命开始组建国民掷弹兵师，9 月和 10 月每个月都拉出了 20 万人。再加上大批从海军、空军转业来的人，德国陆军的人数有一个很大的提升。

战后，卡尔·鲁道夫·格尔德·冯·伦德斯泰特说过，联军最好的突进时机就是 9 月初。那时候德国很弱，就像希特勒当年形容苏联的那样：就是一个破房子，随便一脚就能踹倒。可惜联军自己补给跟不上，没把握住机会，这一脚没踹出来。一直到 11 月初，联军才占领安特卫普港，然后扫雷又扫了 3 周，到 11 月 28 日，才第一次有船卸货。

由于这两个月情况还凑合，而且苏军那边也没有逼得特别紧，希特勒在绝望中又看到了希望。10月初，他在半梦半醒的状态下自己攒出一个故事大纲，其实也只能算"二创"，就是翻拍1940年的法国战役的剧本，从阿登地区全军出击，然后一路往北冲到安特卫普，再来一次敦刻尔克，这次不留情面了，直接围歼20万联军。接着，重演当年英法散伙的桥段，这次是英美互怪，他们觉得这仗也不好打，就和希特勒谈和了，然后继续祸水东引，梦回1938年，西线收工。在这之后，德军集中兵力，反手就把苏联干趴，东线也收工。世界和平，完美！希特勒被自己感动了，直接让OKW的参谋长阿尔弗雷德·约德尔安排下去。

莫德尔听完约德尔的简报之后表示，这个方案实现难度比较大，主要有5点：第一，现在我们油料很缺，要支撑约200千米的战线，有难度；第二，以目前的兵力，想包围和歼灭联军25个师，有难度；第三，这条路的实际路况很差，到达默兹河估算要4天，而这个计划要求在第二天黄昏抵达，有难度；第四，我们没有制空权，想完成如此纵深的突破，有难度；第五，一旦陷入僵局，以目前的兵力，想保护住我们长长的侧翼，有难度。

约德尔说："我回去和他说说看，但要说服他，有难度。"

元首当然不同意。这不是下棋，肯定有难度。于是莫德尔鞠躬尽瘁地赶出一个新方案，称之为"小解决"，就是只冲到默兹河，不去安特卫普，但即便是小解决，西线总指挥伦德斯泰特也觉得不可能，而希特勒更是完全否定，到默兹河有什么意义，能征服世界吗？整个11月，德军一边准备兵力，一边在内部扯皮。

12月2日，德军在柏林召开最后一次高层会议，伦德斯泰特直接拒绝参加。会上，莫德尔再次提出"小解决"方案，他知道这是最后一次机会了。

希特勒说："你应该知道，不到万不得已，我是不会动用你的。你说的小解决，那不叫小解决，那叫没解决。打到默兹河就停住，能切断联军的补给吗？能打击联军的士气吗？能让他们重新坐下来和我们谈判吗？现在我们只有一条路可走，要么一把上岸，要么彻底上天台！"

"对，你是教过我的。风浪越大，鱼越贵。"

"那你还有什么问题吗？"

"问题是，我们这一仗哪有胜率啊？"

接着德国就开始了战前准备。这次行动的保密程度太高了，师长和军长们只知道自己被调动到这个区域，但完全不知道是要干什么。这种操作有利有弊，好处是不容易泄密，坏处是白白浪费了很多时间，没人有机会去研究地形或者研究地图，而等接到任务的时候，已经进入行动倒计时了。

12月12日，这些高级将领们终于被召集开会，他们在希望的田野上狂飙半小时后，被带入一个秘密的乡间小屋。每把椅子后都站着一个盖世太保，防止又有人要调皮捣蛋。气氛相当肃穆，元首亲自为大家公布任务。

据史料记载，当时的希特勒身体大不如前，行动也颤颤巍巍，但是这次的演讲却苍劲有力，我借助历史上的很多碎片信息，为大家还原了这次精彩的演讲：

"各位，在过去的一年里，德国一直在防守。我要从南守到北，还要从白守到黑。但是，家人们，难道我们忘记了，我们最擅长的是什么吗？是进攻呀！我们面对的敌人看上去非常强大，但其实是人类历史上最松散的一个联盟！一边是两个超级资本主义国家，另一边是一个社会主义国家；一边是生命垂危的老霸主英国，另一边是蠢蠢欲动的新势力美国；一边是苏联对巴尔干和中东心怀不轨，另一边是英国又死皮赖脸地要守住地中海的资产。美国也早就想把他的贼手伸进欧洲。那他们为什么都来打我？他们之间完全可以打一打嘛。所以，只要我们能成功地做出一次重大打击，只要一次，就能将这个联盟彻底打散！好，那到底往哪里打呢？有人提出打东线，我笑他们看不穿！打苏联有什么用？苏联都死了很多次了，还在乎再多死一次吗？斯大林那家伙眼睛都不会眨一下。要打，就打娇生惯养的美国人！把他们打疼，告诉他们，我们还活力满满，我们还万分凶残！这场战争永远不会结束！你们快回到你们的北美儿童餐桌吧，别在我们残酷的欧洲大冒险了！大家应该都听懂了吧？总之一句话，梭哈是一种智慧！现在，我宣布：我们即将使用 28 个师的强大兵力，从阿登森林勇猛出击，一路冲到安特卫普！"

在座的将领们如坐针毡。希特勒在演讲中完全就没提大家最关心的油料的问题。没有汽油，靠两条腿冲到安特卫普吗？但 720 事件之后，没人敢直接提反对意见了。威廉·凯特尔对汽油做了简单的分配，理论上是够的。这都是参谋们在会议室里算出来的，真的只是理论上。莫德尔说得没错，那个地区路况极差，"百千米油耗"至少要比理论值翻倍，所以实质上汽油缺很多。

这个时候，德军处处有麻烦，如伞兵突击队队长海特去面见莫德尔，提出他们空军的准备业余至极，他很担心自己能不能活着落地。

莫德尔淡淡地问道："你觉得你们空降行动的成功率有没有

10%？"

海特想了一会儿说："以目前的状况，也就那么点了。"

莫德尔说："那你们可太优秀了，已经战胜全军99%的部门了。我估计整场攻势的成功率也就5%。"

大家应该懂了，由于输得太多，希特勒这个赌徒想要翻盘，压胜负平是绝对没戏了，只有赌博一条路。老弱病残的德国队，对阵世界排名第一的联军队，希特勒赌上全部家当，压德国队3：0获胜。虽然他也知道希望很渺茫，但在比赛开始前，他的眼中还能闪现出那一丝希望之光，这种眼神，在赌徒最后一把翻牌之前都能看到。

其实对德军而言，也有一些有利的因素。

第一，联军在这一带的防守比较薄弱。驻守在阿登南部的是4师和28师，他们刚刚经历了血雨腥风的许特根森林战役，共死伤9000多人。另外，103师都是新兵。美军实际上是暂时把阿登地区当成一个休养的地区——天然氧吧、度假胜地。

第二，联军内部也确实不太团结。1944年12月8日，21集团军群司令蒙哥马利向艾森豪威尔提出，为了作战更协调，应该把阿登森林北部的部队全部归他指挥。

丘吉尔天天向艾森豪威尔施压："要给蒙哥马利更高的权限，他可是元帅，其他人都只是将军。"

艾森豪威尔不开心，但又不得不仔细斟酌丘吉尔的话，因为他是带资进组拿下的联军总司令。于是搞得12集团军群司令奥马尔·纳尔逊·布拉德利开始焦虑，因为这样调整的话他就只剩小乔治·史密斯·巴顿的第3集团军了，那还管谁啊？巴顿也天天气呼呼的，他多次抱怨分配给第1集团军的油料总是比第3集团军的多。

更关键的是，历史总是惊人的相似，联军中根本就没有人意识到，阿登地区有可能遭遇进攻，大家想的都是自己的队伍走什么路线、在什么时间，能突进到莱茵河立下头功。

接下来我们说一下希特勒的计划。仗打到这种生死关头，关键岗位一定要用忠诚于自己的人，否则像伦德斯泰特那样的，你叫不动，连开会都不来了。

到1944年，德军将领按照水平和信仰这两个维度，可以分4种人。第一种人，有指挥水平，没思想钢印，如古德里安、曼施坦因。他们不纠结，反正是要去写回忆录的。第二种人，没水平，有思想钢印，如威廉·凯特尔，这些人也不纠结，反正是要去陪葬的。第三种人，没水平，没思想钢印，比如戈林、海因里希·路易波德·希姆莱，还有很多划水人士。他们也不纠结，反正是要去跑路的。第四种人，有水平，有思想钢印，如卡尔·邓尼茨、莫德尔，他们非常纠结。理智告诉他们很快就要亡国了，但因为思想钢印的存在，又无法真正接受这个事实。1956年，卡尔·邓尼茨出狱之后还在宣传纳粹精神和复仇主义，一辈子活得自相矛盾，生不如死。

联军曾误把这一战称作伦德斯泰特攻势，凑巧的是，唯一没参与这个项目的就是伦德斯泰特，只要涉及阿登反击战的会，他就躲着不去参加。他也想明白了，希特勒基本上是处于垂死挣扎阶段，油盐不进了，自己也说不上话，干脆躲得远远的，别把自己搭进去。

这场战役的总策划是希特勒，总指挥是莫德尔。进攻部队北翼包括党卫军上将约瑟夫·迪特里希的第6装甲集团军，9个师，打先锋的是党卫军骨干约阿希姆·派普领导的战斗群。中路是装甲兵上将哈索·埃卡德·佛瑞赫·冯·曼托菲尔的第5装甲集团军，7个师。南翼则是装甲兵上将埃里希·布兰登贝尔格的第7集团军，7个师，全是步兵。另有5个师担任战役预备队。

其中，约瑟夫·迪特里希是没水平但有思想钢印的人，他是希特勒的私人保镖出身，后来才学的带兵打仗。而曼托菲尔刚好相反，他科班出身，战功赫赫，曾担任第7装甲师师长和大德意志装甲掷弹兵师师长，有水平，没思想钢印。战斗开始之后就能看出高下。然后还有两路，一个是海特带领的空降营，大约1200人。一个是由奥托·斯科尔兹内突击队长带领的150装甲旅，150人。他可是个传奇人物，曾经空降在阿尔卑斯山的山顶救出了墨索里尼，一战成名。

10月22日，希特勒要求他训练一支秘密部队，行动代号"狮鹫"。斯科尔兹内火速从全军中找出了一批英语扎实的好苗子。他们每天被特训美式生活，从发音到敬礼，再到抽烟的姿势都要像美军。战役打响后，这帮敢死队将穿着美军制服，开着美军吉普车，冒充美军宪兵深入敌后，杀人放火插眼线，炸路断桥剪电线。实战过程中，他们的发音、神态各方面都挺真的，只有一个小破绽，就是德军这帮人都是一辆吉普车塞4个人，而真正的美军，是从来不坐满的，所以很多都被识破了。是贫穷限制了德军的想象，循规蹈矩影响了德军的发挥，所以这个项目组从上到下，重要岗位都是思想钢印族：莫德尔、约瑟夫·迪特里希、约阿希姆·派普。在思想钢印族的基础上，再浇灌了大量其他人才，这就叫钢筋混凝土，如果全是常规部队，这种半自杀性的任务，根本撑不住。

12月15日，蒙哥马利给艾森豪威尔写了封信，说他想在联军总攻前休个假，他也被德军传染了吗？还附上了5英镑的收条，因为他俩打过赌，当时艾森豪威尔说圣诞节前战争肯定会结束，而蒙哥马利果断选了下注。艾森豪威尔12月16日回信说不急，这不还有9天的伤停补时吗？最后当然还是付了这笔赌资，否则蒙哥马利会追债一辈子。好巧不巧，就在16日凌晨，德军的进攻开始了。北翼，先是高科技V-1导弹划过夜空，然后便是大炮猛轰，最后才是步兵强冲。比平常多了一道硬菜。希特勒专门交代过，这次的炮火准备一定要持久，别舍不得钱，梭哈是一种智慧。但是在中路，实战经验丰富的曼托菲尔却不听元首的，一炮未发，他认为这个动作在阿登地区完全无效，属于虚空打靶。敌军分布那么稀疏，只会打草惊蛇。经过充分的"市场调研"，他得知当地的美国兵每天晚上都会离开战壕去小屋里睡觉，又暖和又温馨。那还打什么炮，直接让部队趁夜爬入美军战壕不就好了，先把要点都占住，等凌晨进攻开始时，用大量探照灯照射云层，制造出人造月光，帮助大部队找到路，里应外合，兵不血刃。

由于德军准备时间很短，第一天也非常乱。运送伞兵的卡车没到，空投只好推迟到了第二天夜里，整个过程像闹着玩儿一样，简直不是空投，而是"送人头"。另外，也只有1/3飞机准确飞到空投的区域，所以海特只聚集到几百个人，无法占领十字路口并建立防线，只能搞点小破坏。最后他在往东的突击中被俘。倒是斯科尔兹内他们立了功，在美军阵线内制造了不少破坏，剪了很多电话线，很多后面的司令部根本搞不清前面发生了什么事。搞笑的是，他们还制造了一起超级大恐慌。突击队里有一个人被俘虏了，这家伙特别能说，他说："你们联军完了，我们队长已经去巴黎杀艾森豪威尔了，咱们队长那轻功可了不得，飞檐走壁。他曾经在悬崖之上活生生地救出了墨索里尼，你们想想，什么档次？拿你们老总首级，那是探囊取物……"美军被吓坏了，据说之后的一周，卫兵都不让艾森豪威尔出门散步。

然后全军安保力度上升了 N 个级别，消耗了大量人力物力。其实后面几天，美军都是在自己折腾自己，因为 150 装甲旅除少数被俘虏的外，其他都自己回去加入常规部队了，等于是德军用很小的资源撬动了美军巨大的运营成本。

回到第一天的北翼。这个派普战斗群由 2000 多人组成，有很多虎式坦克，算是当前装备最精良的部队之一了。德军面对的第一个点是比利时小镇兰策拉特。约阿希姆·派普让步兵先去清扫道路，坦克太宝贵了。但这里的美军非常顽强，他花了 12 个小时才攻克此处。耽误的程度过于夸张，让德军整盘计划都乱了。好在之后，德军比较迅速，俘虏大量美军，然后往北占下了布林根。德军惊喜地发现这里有油库，赶紧把油加满。

派普是著名的党卫军恶魔，在苏联就杀过无数的俘虏和平民，臭名昭著。这次他又想出了坏主意，让美军俘虏围着坦克和卡车走，这样美军巡逻的战斗机就无法扫射。派普还俘虏了美军一个 26 辆汽车的车队，把 125 个俘虏赶到田野里，下令用机枪扫射，至少 84 人被杀，这就是马尔梅迪大屠杀，是党卫军在阿登战役中最大的一次屠杀，之后还有若干次。

莫德尔的命令是，不允许俘虏拖延推进速度。国防军的理解自然就是解除掉他们的武装，然后让他们自己往东走。党卫军军官的理解是，就地杀光。他们的理解能力确实异于常人。这个消息很快就传遍本地，激起了美军的怒火，开始玩命作战。其实杀俘是最不明智的，这让敌军自动进入疯狂对抗模式。横竖是个死，不如拼到底了。话说回来，在阿登战役中美军也杀俘虏，第一种是 150 装甲旅的那些卧底，布拉德利亲自下令就地枪毙；第二种就是投降的党卫军，血债血偿，一律杀光。但是这又反过来让党卫军也没法投降，被包围也不得不顽抗到底。仇恨这东西是一个死循环。

为什么进攻选在 12 月 16 日？说来也怪，就是因为那几天的天气够恶劣。德军现在是虎落平阳，以前风光的时候，最喜欢在风和日丽的日子进攻，能充分发挥自己的空中优势。现在为了避免敌人充分发挥空中优势，专门得找这种雾霾天，搞得灰头土脸不人不鬼的。这种坏天气到底能持续几天，就得看命了。12 月 16 日傍晚，德军进攻的消息才传到凡尔赛的联军总部。那天白天，艾森豪威尔正在凡尔赛向布拉德利炫耀他刚获得的五星上将头衔。布拉德利判断这是一次局部袭扰，但艾森豪威尔觉得不一定。由于蒙哥马利不在场，他们没有打赌，而是共同决定，从北边的第 9 集团军和南边的第 3 集团军分别抽出第 7 装甲师和第 10 装甲师，赶去增援。

12 月 16 日夜里，派普的队伍已经到达斯塔沃洛，他们再次屠杀了平民。这个位置和美国第 1 集团军司令部所在地就差 12 千米，而且那里有两个巨型燃料库。但是德军情报人员竟然不知道这两个燃料库的存在，要是知道的话他们肯定原地起跳，"板载冲锋"了。派普的身后是党卫军 12 装甲师，他们需要拔除这一路上的各个据点，然后才能让补给顺利通过。

但是美军强硬的抵抗也远超想象，在埃尔森伯恩的 12 装甲师投入了 506 重坦营，再加上喷烟者火箭炮的协助，也还是啃不动。美军的反坦克炮火太猛了，比苏军的猛不少。他们还有一种大规模杀伤性武器，就是装有特殊引信的炮弹，不触地就能爆炸，对付步兵那真是"大炮当头爆，死神对他笑"。圣维特是一个比较重要的道路节点，可惜也啃不动。

美军的反应速度远超德军的预期，如第 7 装甲师是 12 月 16 日夜里奉布拉德利的命令从亚琛以北出发的，到 12 月 17 日下午已经赶到圣维特了。师长罗伯特·威尔逊·哈斯布鲁克带领部队立刻与德军展开血战。到 12 月 18 日，派普还在挣扎着要往西突破，但就是过不去。河上的桥都被美军炸断了，他只能再次转向北硬冲。有一次德军已经误打误撞接近一个燃料库了，结果美军直接使用燃烧的油桶来堵路，制造出一堵高温火墙。

德军看傻了，如此的珍宝怎么能用来当路障？这辈子还没见过这么富裕的仗。德军纷纷流下心疼的泪水。

12 月 18 日黄昏，美军一个反冲锋又夺回了斯塔沃洛。就这样，希特勒重点押宝的第 6 装甲集团军卡在了这里，气氛很僵。别说安特卫普，他们连默兹河都到不了，"小解决"都做不到。约瑟夫·迪特里希战前信誓旦旦，战后两手一摊。

好在中路推进比较快。12 月 18 日上午，圣维特以南区域，曼托菲尔已经打开了一个 20 千米宽的缺口，可以源源不断地把部队灌进去，直接冲向阿登地区最大的交通枢纽——巴斯托涅。虽然圣维特拿不下，但如果能打下巴斯托涅，也能理顺交通。可惜的是有人棋高一着。

12 月 17 日下午，艾森豪威尔第一时间动用了最高统帅部预备队——18 空降军，军长是马修·邦克·李奇微，他将 82 空降师和 101 空降师立刻派往前线。12 月 19 日凌晨，101 空降师 1.1 万人冲到巴斯托涅。他们在 24 小时内从 160 多千米之外的兰斯赶到，确实很迅猛。在前一天黄昏，第 10 装甲师 B 战斗纵队已经抵达。这两个调动刚好都赶上了。

19 日一大早，斯米洛·冯·吕特维茨的 47 装甲军开始强攻巴斯托涅。他惊奇地发现美军的援军已经到了，正面攻不进去，只能包抄两翼。曼托菲尔用步兵包围住巴斯托涅，留下来慢慢啃，他则带着坦克继续往默兹河赶路。然而包围是没用的，101 空降师这帮人逢人就说："我们天生就是用来被包围的（We are borned to be surrounded）。"这句话就是他们师的广告语呀！你不包围他们，可能他们还不知道怎么打呢。

曼托菲尔知道巴斯托涅难打，赶紧向莫德尔请求援助。德军本来有 5 个师的预备队，但战前希特勒说得很明确，要等约瑟夫·迪特里希有眉目了再投进去扩大战果用。莫德尔说计划赶不上变化，现在北翼已经受阻，只有曼托菲尔那里有戏，赶快挪到巴斯托涅，把这个核桃砸碎不就一顺百顺了。但希特勒希望决定性的打击可以由党卫军来完成，所以说只能给一半，把国防军 3 个师给曼托菲尔，而最精锐的两个党卫军装甲师还得留在北边。反正大概的思路就是风头得留给嫡系部队，不能让杂牌军抢了头功。都这时候了，他还留着小心眼。但无论如何，预备力量投入之后，巴斯托涅的压力越来越大，美军陷入苦战。

12 月 19 日，司令部召集大家开大会，那场景仿佛又回到了电影《甲方乙方》。

艾森豪威尔开口问："布拉德利，你的部队现在在哪里？"

布拉德利痛苦地回答："我的部队遭到了党卫军的猛烈攻击，从马尔梅迪，到斯塔沃洛，到韦尔博蒙，到巴斯托涅，正在与敌人全面激战。"

"太被动了！蒙哥马利，你往南打。巴顿，你往北打。你们需要准备多久啊？"

蒙哥马利说："两周。"

巴顿说："两天。"

蒙哥马利非常愤怒，当场就指责巴顿在吹牛。其实，巴顿还真没有吹牛，因为他昨天就已经命令部队往北进发了，他猜也猜得到艾森豪威尔要干什么，那还等啥呢，快去抢功。

12月20日，艾森豪威尔电话通知蒙哥马利，让他接管阿登地区北部的全部美军，作出这样的决定，出于两点考虑。

第一，他认为布拉德利指挥一个集团军群，确实有点费劲。例如，德军进攻开始之后，布拉德利一直认为这是敌军一次辅助性攻击，所以没有第一时间叫停巴顿在南线的进攻，直到艾森豪威尔亲自出手。这水平似乎确实是差点意思。

第二，德军从阿登地区进攻，客观上把联军切成了两个部分。布拉德利的指挥部在卢森堡，调度阿登北边的第1集团军和第9集团军就不方便了。所以倒也不是因为丘吉尔，而是艾森豪威尔觉得由蒙哥马利来指挥更合适。

但是布拉德利气炸了，很多美国媒体也认为艾森豪威尔的决策有误，怎么能胳膊肘向外拐呢？为什么把那么多美国部队交给一个英国式的希特勒指挥？

德国的媒体也在炒作，虽然进度远不如预期，但在保罗·约瑟夫·戈培尔的引导下，舆论还是表达了充分的乐观，有的说元首即将收复巴黎，有的甚至说，这是元首计划的一部分，实际上我们一直是赢的。新闻出来之后，柏林很快就消耗掉了整个圣诞节的烈酒配给。还真是今朝有酒今朝醉。最尴尬的是，后来1月蒙哥马利还很不识趣地开了一次记者发布会，意思就是大家不要慌，在本帅的操作之下，局面已经稳住了。BBC（英国广播公司）也果断报道，这就更添乱了。别说希特勒还真是有点判断力的，英美之间的摩擦确实越来越多，只是还远远达不到散伙的程度而已。

12月20日夜里，马修·邦克·李奇微奉蒙哥马利的命令，带领82空降师和第3装甲师的部分部队包围了派普战斗群。12月22日凌晨，有德军运输机给派普空投了一些弹药，但也就这一次了，空军果断拒绝了给第6装甲集团军再提供任何空投，因为天气就要放晴了，之后再去怕是有去无回。激战到23日，派普弹尽粮绝，带着800多人弃掉坦克步行返回。实在没办法，救援拖车也叫不起了。

而李奇微的另一支部队101空降师，现在还在巴斯托涅被围。因为是急行军，所以他们急缺药物和炮弹，但士气仍然很高。12月22日，德军发来了最后通牒，让他们放下武器，否则即将被炮火全歼。安东尼·麦考利夫果断拒绝。实际上德军根本没有多少重炮，围攻的部队就只有26国民掷弹兵师和装甲教导师的一部分，属于典型的虚张声势。最终，101空降师这根硬骨头确实成为阿登战役中阵亡率最高的单位，共战死535人，充分说明了这场战斗之惨烈。

曼托菲尔的前锋部队突进到罗什福尔，将联军阵线拱出了一个突出部，突出部战役由此得名，但他们已是强弩之末了，后面油料跟不上，前面又能跑多远？而且他们的侧翼还要面对巴顿从南面展开的反突击，已经自身难保。

阿登战役特别像足彩里那种十串一的玩法，很多条件必须同时满足，才能成功。例如，"防守漏洞"，串"天气不好"，串"补给顺利"，串"敌人迟钝"，串"顺路抢油"等，一个环节没跟上，就得崩盘。实战中几乎都没跟上，特别是"补给顺利"的目标完全不能实现。德军后方不能说没油，油还是有的，但是运不过去。还有"顺路抢油"，一开始确实是小有斩获，但是后来美国人也学精了，你不是要抢油嘛，我们就拼命往后搬，哪怕枪炮汽车留给你，油也不会留给你，实在来不及了则就地烧掉，阵线处处火光冲天。

12月24日，陆军总参谋长古德里安实在看不下去了，斗胆直陈："元首，您的阿登战役眼看已经没戏了，现在应该赶紧把装甲师撤回来，堵到东线去，有大量情报都说明，苏联人很快就要总攻了……"

希特勒粗暴地打断了他："苏联方面一直在虚张声势，他们的坦克师里根本没有坦克，苏联一个师只有不到7000人，我还怕他个啥啊？"

古德里安不甘示弱："虚张声势的明明是你吧，我的元首！现在您新组建的炮兵军只相当于以前的一个旅，而装甲旅只相当于一个团……"

"别说那些没用的了，现在兵力调不开，我马上要在阿尔萨斯和洛林实施一次大型反击，呼应阿登攻势！"

"元首，你慎重点吧！如今鲁尔区已经被联军炸得稀巴烂了，你要它有啥用啊？而东边的上西里西亚工业区还很完好，把它守住才是关键啊！"

"哎呀怎么和你就说不明白，东线，我们还有地盘可以丢，西线没有！我也想多活两天啊！"

"好的元首，没关系的，都一样。"

于是，希特勒坚持要求莫德尔守住已有的阵地，这样等阿尔萨斯、洛林攻势开始之后，能一起发力重新向默兹河冲击。这家伙居然还要打滚盘！

莫德尔知道元首已经完全活在自己的赌徒宇宙里了，但思想钢印让他别无选择，只有继续玩命苦撑。一场快速反击打成了阵地战，突出部地区的德军进退维谷，左右为难。

12月23日天气好转，德军成了联军轰炸机的活靶子。不只是前线，后方的交通补给线也被不停轰炸，什么都运不上去。这一招在朝鲜战争中被叫作"绞杀战"。接下来的近一个月时间，就是突出部被联军推平的过程，莫德尔能在这种状态下还力保队伍不崩，已经算鞠躬尽瘁了。

终于熬到了1945年1月5日，希姆莱在斯特拉斯堡发起阿尔萨斯战役。希特勒交出了他仅剩的所有预备力量——第7伞兵师和党卫军第10装甲师，但联军的"板凳阵容"太厚，进攻收效寥寥。更绝望的是，一周后，1月12日，苏军在维斯瓦河的清算大战终于打响。由于德军最后的力量都去了西线，苏军摧枯拉朽，直达门口。仅仅5天后，华沙解放。斯大林讨了便宜又卖乖，还专门向英美喊了话："听说西线形势差，老夫出手不要怕。百万大军齐刷刷，昂首踏破希特勒的老家！乌拉，乌拉！"这样，乘虚而入，唱成了雪中送炭。1945年的苏联，真的是苦尽甘来的一年。

联军就略惨了，到1945年2月4日，美军才占领第一座鲁尔水坝，他们即将向莱茵地区发起进攻。但德军的"齐格菲防线"还基本完整，此时联军到柏林的距离，一点都没有比1944年9月，甚至1939年9月更近一点。再看看东边，柏林已经近在眼前。

1月底，为了海量嘉奖在阿登战役中奋勇作战的士兵，德国国防军把仓库里的勋章都发光了，最后只能发伦德斯泰特老元帅的签名照，寓意可能是不想当将军的士兵不是好士兵。但仗打到现在这个地步，将军自己也不想当将军了，就连签名照本尊都躲着不出来见人了。

　　这场阿登反击战，双方两败俱伤。德军伤亡约 8 万人，美军伤亡75482 人，英军伤亡 1408 人，两边基本持平。但对希特勒而言，这些损失是致命的，他梭哈了手中的全部筹码，很遗憾又输了。接下来，他只能绝望地等待命运的审判了。从此刻开始，元首将步入他人生中的最后时光。

第十四章

柏林的末日

1945 年柏林战役

1945 年 1 月，德意志第三帝国已是岌岌可危。

失去了罗马尼亚的石油后，德军的燃油严重不足，部队更是缺编严重，希特勒把仅有的一点筹码都押在了阿登大反击上，可惜奇迹并没有出现。古德里安反复建议，趁着波罗的海还在手里，赶紧从海陆撤回库尔兰的部队，以加强波兰方向的防守。但希特勒不同意。正在此时，苏军的维斯瓦河—奥得河战役打响了，各路神仙争先下凡。

1 月 12 日，伊凡·斯捷潘诺维奇·科涅夫的乌克兰第 1 方面军率先从南侧打响了进攻。

1 月 13 日，切尔尼亚霍夫斯基的白俄罗斯第 3 方面军向东普鲁士的柯尼斯堡展开突击。

1 月 14 日，罗科索夫斯基的白俄罗斯第 2 方面军在东普鲁士南部迅猛插入。同一天，朱可夫的白俄罗斯第 1 方面军，在波兰中部猛虎出笼。标准的"四小天鹅"钢琴四重奏。德军毫无斗志，望风披靡，兵败如山倒。

1 月 17 日，总参谋长古德里安看形势实在太差，同意城防司令撤出华沙。但希特勒连莫吉廖夫都不肯撤，何况华沙？他暴跳如雷，把几个负责人全部抓起来送进集中营，古德里安被拘留审讯。

1月20日，苏军终于踏上了德国领土，血债血偿的时刻到了。

1月21日，伊万·斯捷潘诺维奇·科涅夫开始进攻上西里西亚工业区。与此同时，布达佩斯附近的激烈争夺也在继续。

1月22日，中央集团军群司令乔尔格·汉斯·莱因哈特违抗元首命令向维斯瓦河方向突围。希特勒几天之后知道了此事，立刻将他罢免，由山地兵将军、希特勒的忠实拥趸——费迪南德·舍尔纳接替他的职务。

1月24日，已经接受完审查的古德里安建议立刻成立一个新的单位——维斯瓦集团军群，以组织中路的防御。他推荐了魏克斯元帅，但被希特勒否决了，现在总参谋长的任何提议他都否决。别管什么方案，先否了再说，省得浪费口舌。

希特勒内定了一个人，著名的刽子手、党卫军头子希姆莱。古德里安当场提出异议："元首，可以不选魏克斯，但绝不能用希姆莱，他不懂军事啊！"

"难道你们陆军懂？我看你们就懂撤退，懂投降！现在只有党卫军的人靠得住！"

"一个连军事地图都不会看的人能靠得住吗？"

"这是小问题，希姆莱能比其他将领更好地调动后备军和党卫军的资源！你还是不懂战争经济学。"

古德里安心里想：战争经济学我可比你懂多了。1944年12月我就说阿登战役早点收摊，来加强上西里西亚工业区的防守，结果你不听。现在晚了吧？

无独有偶，也是在12月，生产部门的贝托尔德·康拉德·赫尔曼·阿尔伯特·斯佩尔也交了报告，说鲁尔区被打烂之后，上西里西亚是德国唯一的工业区了，一定要守住。但亲朋好友的忠告希特勒是一句都听不进去了，还是一门心思赌下去，妄想一把翻盘。

1 月 27 日，斯佩尔再次提交报告，全文第一句话就是：战争已经失败。接下来他摆事实讲道理，上西里西亚现在提供了德国 60% 的煤，目前德国的煤储备量只有 1944 年产量的 1/4，钢储备量只有 1944 年的 1/6，而且都不会有补充了。如果西里西亚丢了，战争必然就结束了。不过可惜了他的一番苦心，希特勒看了第一句就不想看了，厌恶地把它扔进了保险柜。

同一天，希特勒终于决定西线转为守势，把参与阿登战役的第 6 装甲集团军调去东线。古德里安兴奋异常，觉得终于有救了，开始兴致勃勃地阐述自己的计划，也就是用这个兵力在苏军的侧翼展开一次反突击。但希特勒表示完全不是这个意思，他想把这支部队用在匈牙利，因为匈牙利还有石油，失去了罗马尼亚的油田之后，必须抓住匈牙利才能打得下去。古德里安火冒三丈，彻底失去了耐心。

1 月 31 日，白俄罗斯第 1 方面军已经进抵奥德河河畔，距离柏林只有不到 100 千米了。眼看卫国战争的头功就在眼前，朱可夫非常兴奋，开始积极筹划下一步的攻击方案。

2 月 10 日，朱可夫正式向斯大林提出了继续进攻柏林的申请。但是，3 天后斯大林叫停了这次进攻，原因是此时苏军战线拉得太长，已是强弩之末，左右两翼还有很多德军，如朱可夫和罗科索夫斯基之间，就有非常大的空当。另外，身后还有好多之前绕过去的要塞没有攻克，他们卡着交通节点，让苏军的后勤很不通畅。其实这些都不是关键，以斯大林的个性，如果他真的要打，管你什么困难，那也是拦不住的。实质上的原因是暂时没必要，因为另一场博弈又要开始了。

1945 年 2 月 4 日到 11 日，雅尔塔会议召开。第二次世界大战即将收尾，各方要面对新问题了。

三巨头风云际会，这个世界要翻篇了。

这个会讨论的议题非常多，如接下来的军事行动、波兰问题、德国问题、赔偿问题……会上一度剑拔弩张、势同水火，根本达不成一致意见。虽然很多事情悬而未决，但还是敲定了一些事。

第一件事，确认了苏联占领区是德国东部地区，包括柏林。换句话说，柏林已是苏联的囊中之物了。

第二件事，雅尔塔会议宣布，这次对德国的划分适用于传统意义上的德国，而没提 1938 年吞并的奥地利，那是不是意味着，谁先抢下了维也纳，维也纳就是谁的了呢？

斯大林表面上风风火火，争一些鸡毛蒜皮的事，其实脑子转得可快了，准确地捕捉到了这个漏洞。2 月 13 日，也就是斯大林回到莫斯科两天后，他立刻通知朱可夫停止向柏林进军。2 月 17 日，他给乌克兰第 2 方面军和第 3 方面军下令，立刻扫荡匈牙利，争取从 3 月 15 日开始发起针对维也纳的攻势。

2 月 10 日，柏林也召开了一场会议，这场会议比雅尔塔会议粗糙得多。会议上，古德里安还是要求撤回第 6 装甲集团军，用于打击苏军奥得河附近的先头部队。希特勒还是坚持要将第 6 装甲集团军用于匈牙利。古德里安又提出撤出意大利、挪威和巴尔干的部队，希特勒拒绝了他的提议。同时，希特勒也驳回了古德里安的库尔兰部队的撤军提议。希特勒要求古德里安就用手头现有的部队进行反击，其余战线上的部队，一兵一卒也不撤。

德军东线的局势比较被动，5 支守军从左到右依次是库尔兰集团军群、北方集团军群、新成立的维斯瓦集团军群、中央集团军群和南方集团军群。

库尔兰集团军群被困在拉脱维亚的库尔兰半岛，有 20 个步兵师和 2 个装甲师，是德军最精锐的部队，士兵都是久经沙场的老兵，但他们起到的作用最小；北方集团军群有 19 个步兵师和 5 个装甲师，被困在东普鲁士的萨姆兰德、柯尼斯堡几个据点里，正在拼死抵抗；新成立的维斯瓦集团军群有 25 个步兵师和 8 个装甲师，素质良莠不齐，但反而担当大任，防守柏林正面的奥得河这段地方；中央集团军群有 20 个步兵师和 8.5 个装甲师，防守从西里西亚到喀尔巴阡山脉；南方集团军群有 19 个步兵师和 9 个装甲师，防守喀尔巴阡山脉到德拉瓦河中间。

这样，东线共有 103 个步兵师和 32.5 个装甲师，而西线有 65 个步兵师和 12 个装甲师，其中有几个师马上会调去东线。

2 月 13 日，德军又紧急开了一次大会。

在会上，古德里安说："既然没有增援，那就必须赶时间。现在苏军白俄罗斯第 1 方面军和第 2 方面军中间有缺口，我们就从那里出击。"

希姆莱说："出击可以，但时间必须延后。因为还有一部分弹药没运到。"

古德里安认为不能再等了，机不可失，而且他直接提出希姆莱没有独立指挥作战的经验，要求把他的副手沃尔特·温克将军派去协助希姆莱。希特勒虽然很恼火，但最终还是同意了古德里安的提议，让温克去指挥这场进攻。

视线回到东边。2月8日开始，科涅夫在南边继续推进，到2月25日，逼近尼斯河，追平了朱可夫的进度。2月10日，北边罗科索夫斯基也奉命赶工攻入波美拉尼亚。2月15日，德军的仓促攻势终于开始了，进攻方向就是古德里安瞄准的朱可夫和罗科索夫斯基之间的空隙。

说来也巧，朱可夫两天前刚收到斯大林停止进攻柏林的命令，正郁闷呢，结果德军自己送上门来了，那还客气什么，劈头盖脸就是一顿痛打。这次攻势由副总参谋长温克监督，第3装甲集团军的艾哈德·劳斯执行。

进攻的头两天进展还比较顺利，突进了不少距离，但在2月17日夜里，温克在柏林向希特勒汇报完赶回前线的路上疲劳驾驶，开车睡着了，撞成重伤，撤到后方疗伤去了。等他再次登上历史舞台，已经是两个月以后。随着他的离去，进攻也停了下来。

2月18日，在东普鲁士的攻坚战中，全军最年轻的方面军司令切尔尼亚霍夫斯基不幸中炮牺牲，由本来已经收拾好行李准备前往远东的华西列夫斯基顶上。接下来的一个月，朱可夫和罗科索夫斯基步步为营，猛冲猛打，一路向波罗的海沿岸平推。

看着自己的家乡，同时也是德国"龙兴之地"的东普鲁士逐渐沦丧，古德里安心急如焚。

3月6日，德军第6集团军和第6装甲集团军从匈牙利的巴拉顿湖南北两侧发起钳形攻势，行动代号"春醒行动"，包括"虎王"重型坦克在内的10个装甲师参与了行动，可以说这是纳粹德国的最后一击了。

此时苏军也正准备向维也纳发起进攻，这一下刚好就被打乱了节奏。面对气势汹汹的德军，乌克兰第3方面军司令费多尔·伊万诺维奇·托尔布欣请示斯大林可否把这些兵力先用来防守，斯大林回复说和他们对攻！于是，3月16日，苏军依然按原计划，4个集团军从布达佩斯以西向德军发起猛烈进攻。德军进攻部队的侧翼抵挡不住，只能赶紧撤退，慌慌张张地缩了回去。希特勒再次暴怒，撤销了约瑟夫·迪特里希所有的勋章，然后炒了他的鱿鱼。就这样，他心心念念的布达佩斯春季攻势也梦醒了。这真是名副其实的"春醒行动"。

进入3月以后，西线联军的所有部队都在往前猛冲，都想名垂青史。速度最快的是巴顿的第3集团军，3月7日就冲到莱茵河，但是德国人刚好把桥都炸掉了，暂时受阻。来得早不如来得巧，旁边的第1集团军运气更好，几个小时后抢下了雷玛根大桥占据了登陆场。布拉德利喜出望外，但德怀特·戴维·艾森豪威尔不准他把大部队投入登陆场。布拉德利只能命令巴顿继续向南，曲线救国。

3月22日夜里，巴顿从奥本海姆渡过莱茵河。第二个登陆口打开之后，一直处于躁狂状态的希特勒不知为什么突然慌了，要求赶紧顶住，但是这个区域山高水远，一共只有5辆维修中的坦克歼击车，巴顿如入无人之境。

3月24日，北侧的蒙哥马利终于发起总攻。他在莱茵河西岸早已储存了堆积如山的炮弹和物资，明显是供大于求。3000门火炮和无数批轰炸机对着对岸猛炸了很久，也不知道在炸什么。然后他派出最先进的两栖坦克，很威风地强渡莱茵河，没遇到什么激烈抵抗。直到3月28日，东岸登陆场集结起20个师和1500辆坦克，蒙哥马利才下令全速东进。

这个时期德军西线已经相当虚弱了，但艾森豪威尔向东推进的决心不太坚决，主要有三个原因：第一，他高估了德军剩余的实力，阿登反击战被咬得有点小疼，他怕德军还有后手，所以推进以稳为主；第二，他觉得冲太快并无意义，如果自己辛辛苦苦打进了苏占区，最后可能还是要吐出去；第三，他手里有一个重要情报，德国的南部山区有一个名叫"国家堡垒"的阿尔卑斯要塞，驻扎了由党卫军和山地部队组成的精锐力量，有二三十万人，据说希特勒、戈林、希姆莱等人正依次前往那里。山洞里藏着几个制造超级武器的超级兵工厂，它们正秘密制造一种叫"喷气式飞机"的东西，还有一种叫"远程导弹"的东西。如果不能尽快铲除"国家堡垒"，希特勒在山洞里就能快速恢复元气，联军会遭到降维打击，所有的努力都将前功尽弃，所有的战果都将化为乌有。

3月11日，联军最高统帅部对阿尔卑斯要塞的情报又进行了仔细的评估，再次错误地确认了它的正确性，艾森豪威尔也坚定了向南部山区进军的决心。从军事角度上来看，这个要塞确实至关重要，如果等德军稳定立足了，再要铲除难度就会增大许多。回到柏林的问题，既然希特勒他们都去"国家堡垒"了，那柏林就是个空架子，为了这个空架子死很多士兵有什么意义？艾森豪威尔的计划是这样的，先是和苏军在莱比锡—德累斯顿地区会师，然后分左右两翼。左翼蒙哥马利向东北打，直达汉堡和波罗的海沿岸。右翼布拉德利向西南打，深入腹地把德军的"国家堡垒"捣毁。

1945年3月28日，艾森豪威尔分别向华盛顿、伦敦和莫斯科发报。在发给斯大林的电报里，艾森豪威尔非常诚实地阐述了他的思路，也就是歼灭鲁尔区的敌军，然后和苏军在莱比锡—德累斯顿一线会师。同时他也问了斯大林的计划，希望获得双方在战术上的协调。

没想到这一石激起了千层浪。

3月29日，丘吉尔怒气冲冲地给艾森豪威尔打电话，质问他为什么直接给斯大林发电报。

艾森豪威尔说："我作为军事上的最高负责人，我要在军事上进行协调，不找斯大林找谁？"

丘吉尔说："你怎么没有一点政治敏锐性。斯大林还没透露他的方案，你就先把自己的底牌交出去了。而且，谁说我们不去柏林？蒙哥马利有那么多兵力，为啥不能冲过去抢一抢？"

艾森豪威尔说："苏联不是咱们的盟友吗，你担心什么？"

丘吉尔说："等你小子将来当了总统之后就会知道，这个世界不存在'盟友'这个东西。希特勒死之前，是友没错，但希特勒一死，那是敌是友就不好说了。你看看你的盟友3月在奥地利占了多少地方，还有波兰政府的组建也完全违背了雅尔塔会议上的承诺。如果柏林再被他们全部拿下，那整个东欧、中欧就都是你盟友的天下了。"

但艾森豪威尔毫无歉意，他觉得给斯大林发电报没错，自己的军事路线也没错，一切都很正常。3月29日，斯大林给罗斯福发电报，怒斥据他所知联军正在意大利和德军单方面议和，而且大量德军正在调往苏德战场。罗斯福回电说绝无此事。丘吉尔不停地劝告罗斯福，不要相信斯大林，他认为苏联人相当野蛮，应该先把柏林搞定再说。但罗斯福有点力不从心了，他最近感觉身体很虚弱。

莫斯科时间3月30日，斯大林向英美大使不动声色地表示，艾森豪威尔的主攻方向选择得非常好，这样就可以把德国拦腰斩断。另外，德军继续在南部地区顽抗也是非常有可能的，所以往南边追击，贵方考虑得非常周到。但他没有表明苏军的计划，只说方案还在加班创作中。

实际上，在收到艾森豪威尔电报的瞬间，斯大林的胡子根就一紧，他心想：这件事透着邪气，如果联军真心放弃了柏林，要往德累斯顿方向突进，为什么主动告诉我呢？这不是此地无银三百两吗？很可能，联军的进攻方向就是柏林，电报就是个烟幕弹。虽然之前定过柏林是苏战区，但是丘吉尔这个坏家伙什么事干不出来？当前联军兵强马壮，巴顿也过河了，德军西线分明开始"躺平"，联军的前方已经一马平川。到时候他们把柏林抢下来了，就说计划赶不上变化，眼看德国就要垮了，追剿法西斯怎能腿软？不能等了，得赶紧动手！

4月1日，克里姆林宫。朱可夫和科涅夫刚刚从1600千米之外的前线赶回。他们都知道这个会议的主题，一秒钟也不敢耽搁。

斯大林同样一秒钟都没耽搁："伙计们，那些小小的盟国，打算抢在苏联红军前头赶到柏林！"接下来，他向元帅们展示了艾森豪威尔的电报，向他们讲解了一下如何才能巧妙化友为敌。

接着，斯大林发出了一记灵魂拷问："那么，谁将攻占柏林呢？是我们，还是联军？"

科涅夫大喝一声："我们将攻占柏林！"

斯大林慈祥地看着他，"那么，你是那个人吗？"

科涅夫刚想点头，斯大林抢先开口："难道你的兵力不需要进行大规模重新部署吗？"

科涅夫心想中计了，赶紧表态："我将采取一切必要的措施，及时重新部署，尽快攻占柏林！"

就在此刻，朱可夫出手了，实现后发制人："恕我冒昧，白俄罗斯第1方面军不需要重新部署，我们已经做好万全的准备，我们离柏林最近，毫无疑问，柏林是属于我们的。"

最后，斯大林总结发言："那好，你俩都待在莫斯科，和原总参谋部一起，在 48 小时内，各出一套方案，我批准了以后，你们就回前线！"

朱可夫和科涅夫对视了一眼，从此刻开始，一场史诗级的大竞争启动了：先入柏林者为王。

1945 年 4 月 3 日下午，他们分别向斯大林提交了自己的方案。

斯大林看完之后表示满意，他说："恭喜二位，你们将在同一天发起进攻，但攻占柏林的任务交给朱可夫的白俄罗斯第 1 方面军。"

科涅夫听后大失所望。

但接下来，斯大林做了一件事，让形势又有所反转。他开始在地图上，两个方面军所在地之间画出一条分界线。这条线从红军阵地开始，越过奥得河，一直到吕本。吕本大约距离柏林东南 105 千米，如果接着往前画，那科涅夫自然就在柏林南边，彻底没戏了。但就在这个地方，斯大林停住了，他意味深长地看了看两人，然后一个字都没说。两人瞬间都明白了，过了这条线，就可以抢道了。参考 800 米跑比赛过了 100 米之后的动作，外道的可以切内道。当前，朱可夫在奥得河沿线有 8 个集团军，科涅夫在尼斯河沿线有 5 个集团军。另外，朱可夫已经在 3 月末拿下了河西岸的屈斯特林登陆场，先伸过去一只脚了，而科涅夫整个身体还都在河东。更何况朱可夫的起始位置在"内道"，科涅夫在"外道"。从任何角度上说，科涅夫都是输在了起跑线上，赢的机会很渺茫。领袖明确说明由朱可夫负责柏林，毕竟他获得了 3 次苏联英雄，科涅夫是 2 次。到分配胜利果实的时候领导的脑子一定要清楚，得论功行赏，否则容易摆不平。但科涅夫也有机会，因为德军在正东方向的防守很可能更密集。假如朱可夫的进攻不顺利，那科涅夫是可以随时上位的。斯大林画这半根线就是明确告诉了他们，我不要功臣姓名，我只要柏林！

在苏军战前准备的时间，我们的视角转回德军，时间也拨回 3 月初。进入 3 月以来，德军噩耗频传，3 月 3 日，芬兰对德宣战；3 月 4 日，波美拉尼亚全部沦陷；3 月 5 日，苏军攻入施塔尔加德；3 月 7 日，莱茵河上的雷玛根大桥失守；3 月 13 日，苏军到达但泽湾。希特勒看着已经日落西山，大势已去，便下令在德国实施焦土政策，毁掉所有无法守卫的桥梁、港口、商店、水电站、煤气站、火车站，甚至乡间小路。贝托尔德·康拉德·赫尔曼·阿尔伯特·斯佩尔拒绝执行，毕竟这些都是自己的心血，他说这个政策是在毁掉德意志民族，而希特勒则冷冷地回答，没有必要再为德国人民的生存操心了，在这场失败中幸存下来的人本来也都是"劣等人"，因为"优秀者"早已战死了。斯佩尔带着下面很多人对这个指令阳奉阴违，因为所有人都很清楚地意识到元首已疯。就这样，1945 年 3 月的德国，就靠着东边的奥得河和西边的莱茵河在勉强支撑，曾经横跨了大半个欧洲风光无限的德意志第三帝国，如今被两肋插刀，即将被一网打尽。

希特勒和古德里安还在 24 小时"对线"，现在他们可以为任何事情争论。大约在 3 月中旬，听完第 3 装甲集团军劳斯的汇报之后，希特勒大发雷霆："你们汇报的都是什么！听这人的口音，肯定是你们东普鲁士人吧？"

古德里安说："您错了我的元首，劳斯是你们奥地利人，是您的老乡啊！"

"这不可能！给我滚！滚！"

劳斯很快被撤职了，由曼托菲尔接任。虽然日常被骂，但古德里安确实还在努力站好最后一班岗。3月中旬，他专门去了维斯瓦集团军群司令部，发现希姆莱不在，据说正在旁边的疗养院治病。古德里安冲到疗养院，逮住了生龙活虎的希姆莱。自从温克受伤了之后，集团军群的组织就一塌糊涂，希姆莱也早已意识到自己不是打仗的料，索性当起了鸵鸟。

古德里安将计就计，说道："您确实是太忙了，本来已经身兼数职，现在还要兼任维斯瓦集团军群司令，同时还要和残酷的病魔做斗争，真是太辛苦了！我建议，为了您的身体着想，应该暂时卸掉维斯瓦集团军群司令的职位，专心去做其他更重要的事情呢！"

希姆莱一下遇到了知音，声泪俱下："谁说不是呢兄弟，我也确实是太忙了，但这事，我不敢去和元首说。要么，你去帮我说说？"

古德里安说没问题，无非是再吵一架。这次吵完希特勒勉强同意了。就这样，3月20日，现任第1装甲集团军司令、著名的防守悍将哥特哈德·海因里希就任维斯瓦集团军群司令。本章中最重要的人物之一，终于登场了。

海因里希就是那个1941年在莫斯科郊外差点战死的男人，他带领第4集团军在风雪中苦撑了差不多10周，避免了德军的溃败。现在需要他再撑一次，只是莫斯科郊外换成了柏林郊外。海因里希志忐地来到位于措森的陆军司令部，古德里安开始向他介绍任务。他告诉海因里希，现在的情况非常差，元首在每个决策上都犯了错误，从西线撤回来的装甲力量被派去了匈牙利，而苏军很明显正在准备进攻柏林，对我们一剑封喉。我军防守柏林的兵力严重不足。你有三四周的时间准备，一直到奥得河的洪水下落，那时候海量的苏军必将发起进攻，你需要在奥得河河畔将他们全部挡住，挽救我们的帝国。

海因里希来到前线，想自己看一下情况到底如何。所谓维斯瓦集团军群要守护 280 千米宽的战线，但实际上只有 2 个集团军，北边是曼托菲尔的第 3 装甲集团军，南边是提奥多·布塞的第 9 集团军，苏军的兵力优势大概在 10∶1。这还不是最惨的，最惨的是，现在东线的部队已经没有几个番号是他认识的了。以前的师都是一个数字编号，现在的都是"库尔马克师""德伯里茨师"等，明显都是残兵和新兵临时凑出来的单元，这样的部队能顶住重压吗？看来古德里安说的也有所保留。

但这些还不是最要命的。最要命的是，希特勒还要求立刻组织一次反击。用区区 5 个装甲掷弹兵师，从法兰克福出发（注意这个是奥得河河畔的法兰克福，不是莱茵河河畔的法兰克福），渡河进入德军在东岸的桥头堡，然后沿着河岸向北发起偷袭，从后方彻底拔除屈斯特林的苏军桥头堡。海因里希看了看地图，说法兰克福和屈斯特林之间现在已经布满了苏军的部队啦。古德里安说，是的，没错，我们的部队将组成一个 24 千米长的纵队行军，基本上等于自杀。海因里希问，原来你知道啊？古德里安回答，除元首外又有谁不知道呢，但元首说这个行动机智大胆而且脱离教条，苏联人一定会被打个措手不及。啥也别说了，执行吧。3 月 27 日，第 9 集团军的布塞按照元首脱离教条的指令发起进攻，虽然暂时推进到了屈斯特林要塞外围，但很快就惨遭屠戮。于是海因里希本就少得可怜的兵力又被送掉了 4 个师。

3 月 28 日下午，德军总部又召开了一次大会。为什么又失败了？古德里安再次横刀立马："布塞并不应该承担责任，我的元首，他的弹药严重不够！"

"那你为什么不多配发给他一些呢？"

"这我在总结报告里已经解释过了，布塞打光了所有分配给他的炮弹，但是我也就这么多了。"

"借口，都是借口！"

"什么叫借口，超乎寻常的伤亡数字还不能说明士兵们的尽忠吗？"

"但他们失败了。失败了就是笨蛋！无能！"

"请您不要再责怪士兵和将军了，我们和苏军在兵力的对比上是如此之悬殊。"

"那又有什么办法，我们也就这点兵力啊！"

"那您打算什么时候撤出库尔兰的 18 个师？"

希特勒被问得说不出话，再次发出无能的咆哮："废物，懦夫！"并陷入歇斯底里的状态。

古德里安也是一副豁出去的样子，对着元首火力全开，誓死捍卫军官团们最后的尊严。"左护法"阿尔弗雷德·约德尔拉住了古德里安，"右护法"凯特尔抱住了希特勒，避免双方进一步的肢体冲突。最后，希特勒筋疲力尽地瘫陷在椅子上，空洞的目光望着天花板。古德里安则被拖出了会议室。

15 分钟后，双方都冷静了下来，古德里安重新进入房间继续开会。

希特勒一上来就冷冷地说道："古德里安，您的健康状况决定您需要立刻休养 6 个星期。"于是古德里安光荣下线，顶替他的人是汉斯·克雷布斯。这个人一直默默无闻，是总参谋长这个职位的第三替补。

第二天，也就是3月29日，崔可夫的第8集团军沿着狭窄的堤坝发起强攻，夺下了苏军在奥得河西岸的第一个桥头堡。刚才我们说的朱可夫比科涅夫多一只脚，指的就是屈斯特林的河西部分。4月1日，斯大林签发了作战命令，朱可夫和科涅夫的总攻时间都被定在4月16日。同时，斯大林又找来了第三备胎——白俄罗斯第2方面军，他们需要在4月20日于奥得河下游实施强渡，发起辅助性进攻。

现在离总攻还剩两周时间，百万苏军进入了紧张的冲刺阶段。河的那一边，元首再次灵光一现。4月5日，他突然提到，这几天苏军在屈斯特林的集结，一定是一次巨大的佯攻。上一次他认定的佯攻是白俄罗斯的维捷布斯克，再上一次是法国的诺曼底。他认定苏军的主攻方向是在南边的布拉格。古德里安已经离职，没人再和他顶嘴了。

中央集团军群的舍尔纳大拍马屁，说："元首真是一眼就看穿了苏联人的骗局。俾斯麦曾经说过，谁拥有布拉格，谁就拥有欧洲！"

"说得好啊！海因里希，你立刻调4个装甲师南下，再晚就来不及了！"

海因里希出师未捷肉先割，马上被干掉4个装甲师。4月6日，满腔怒火的他被叫去柏林参加大会。这次大会人很齐，重要人物全部到场了。

海因里希说道："曼托菲尔的第3装甲集团军现在非常虚弱，其中有一批老年人冲锋队、一批魂不守舍的匈牙利人，还有一批由安德烈·安德烈耶维奇·弗拉索夫带领的苏联叛徒，这些人听着就靠不住。另外，第3装甲集团军严重缺乏大炮。"

新任总参谋长克雷布斯说："第3装甲集团军很快就会有大炮的。"

海因里希说："现在奥得河的洪水还在，所以苏军过不来，但也没剩几天了，你们看着办吧。我的建议是，从阵线南端的法兰克福要塞撤下来，节省兵力！"

希特勒跳了起来："撤？谁说要撤？不能撤，法兰克福要塞必须坚守！你们总说要撤，我们已经从莫斯科撤到柏林了，还往哪儿撤啊？"

"但我的部队素质真的很不行，"海因里希无奈地表示，"第9伞兵师就很让人担心，我发现他们中的很多人都是行政官员。"

"你为什么要用我的人举例？"戈林加入争论，"我保证，他们都是最优秀的士兵，不允许你这样诋毁他们！"

海因里希没有理他，继续说道："昨天，最有战斗经验的装甲部队都被抽调给舍尔纳了。现在不但部队素质很差，而且没有预备队，苏军的总攻一旦开始，即使是最乐观的估计，我们也只能坚持几天，一切都不可挽回了。"

会议室陷入死一般的寂静。

很久之后，戈林突然大喝一声："我的元首，我立刻派10万空军人员支援您，他们几天内就将抵达奥得河前线！"

希姆莱看了看戈林，又看了看希特勒，也大喝一声："我的元首，2.5万名党卫军勇士将在奥得河誓死捍卫他们的荣誉！"

压力到了卡尔·邓尼茨这边，他只得无奈地也大喝一声："我的元首，1.2万名水兵将立刻从军舰中撤出，火速赶赴奥得河！"

希特勒终于露出了难得的笑容，他以期待的目光看着补充部队参谋长约瑟夫·布勒，布勒只好提供了1.3万人的预备军。

希特勒转向海因里希说："看，你现在已经有15万人的预备队了，没什么其他事了吧？"

海因里希当场愣住了，他质疑这 15 万人预备队能有什么用？众人对他的质疑都表现出异常的惊讶和愤怒，纷纷指责他怎么会有这种奇怪的想法，仿佛整个会议室里，就只有海因里希一个人活在现实世界中。

海因里希突然崩溃了，他大声怒吼："必须把南下的装甲部队叫回来，如果没有他们，守住奥得河没有任何可能！"

元首立刻予以驳回："苏军的目标明显不是柏林，而是布拉格。你一定可以挡住奥得河的佯攻。"

海因里希看向总参谋长克雷布斯，这么荒谬的言论做参谋的不可能认可吧？但克雷布斯说："根据目前的情报，元首对形势的估测完全正确！"

海因里希明白了，"皇帝没穿衣服"这件事，全屋子也只有他一个人敢说出来。他转向希特勒，诚实地说道："那我有责任告诉您，我不能保证击退敌人的进攻。"

希特勒再次原地起跳，疯了一样地大喊道："信念，你要有必胜的信念！然后把这信念传递下去！"

"可是单靠信念是不能赢得战争的。"

"如果你和你的部队都认为我们是必胜的，那我们就能取得胜利，而且是大胜，是狂胜，是完胜！"

几分钟后，破防的海因里希获准离开了地堡，走到花园里，突然感觉刚才发生的一切都不是真的。

1945 年 4 月 2 日，西线联军完成了对鲁尔区的包围，莫德尔的 B 集团军群，大概有 32.5 万人，被装在了这个 1 万平方千米的口袋里。

由于主力部队被包住，西线大门已敞开。布拉德利此时拥有超100万人的兵力，他留下部分兵力看住莫德尔，然后让主力继续猛冲，下一个目标就是易北河。

美国第9集团军司令威廉·胡得·辛普森后来回忆，他当时唯一的心思就是赶快攻占柏林，穿过柏林，和苏军在柏林的另一侧会师。

4月6日，在东普鲁士，苏军对超级要塞柯尼斯堡的总攻开始了。虽然这批德军离元首很远，但作战意志却很强，都知道是在为守护德意志的"龙脉"而战。对苏联而言，这场血战还是很值的，柯尼斯堡后更名为加里宁格勒州，属于俄罗斯的领土了。

同样在4月6日，苏军对维也纳的总攻也开始了。由于西线危机，还在养伤的温克于4月6日收到人事部部长威廉·伊曼纽尔·伯格多夫的电话，让他立刻去西线并担任第12集团军司令，为柏林的后门构筑防线。

温克到了西线之后才发现，所谓的第12集团军，大约只有5.5万人，是由一些军校学员和前线退下来的残兵拼凑而成的。和海因里希遇到的情况类似，现在他手下的师也有一些响亮而独特的名字，如"克劳塞维茨师""波兹坦师""沙恩霍斯特师"……温克组织队伍在柏林西侧修筑防线，等待联军的到来。

4月12日，美军开始进攻易北河上的关键要塞马格德堡，温克的部队顽强阻击。就在他们激烈战斗之际，罗斯福总统去世了。

4月13日，工兵部队顶着德军的火力，强行抢修出一座双车道浮桥，它被与时俱进地命名为：杜鲁门桥。这几天，马格德堡的战斗非常激烈，温克手下的新兵们斗志居然非常旺盛，让美军也大为惊讶。

4月13日，罗斯福去世的消息传到柏林，保罗·约瑟夫·戈培尔新闻敏感性很强，在地堡里给每个人都倒上了香槟。他兴奋地告诉希特勒，这就是转折点，局势很快就将彻底逆转。

但整个战势已经形成，罗斯福去世几乎没有产生任何影响，一切都在按部就班地推进。几个小时后，苏军攻占维也纳。罗斯福或者丘吉尔出现什么意外通常不会造成政策的改变，如果希特勒此时去世就完全不一样了，历史可能走到另一个方向上。

4月14日夜，美军先头部队渡过易北河向柏林冲锋，后续部队也正陆续过河。第二天一大早，辛普森接到布拉德利的紧急电话来到集团军群司令部。布拉德利告诉他，你不得再向柏林前进一步，这是艾森豪威尔的命令。他的计划是北翼向丹麦突进，南翼向捷克突进。但中路，也就是你们第9集团军，就留在易北河建立战线，不动了。

回到部队之后辛普森失望地对手下说道："柏林不属于我们，战争在这里结束了。"

德国的国土现在已经被压得很"瘦"了，离西线阵地仅仅190千米处，就是东线维斯瓦集团军群的指挥部。海因里希有个绝活儿叫作"金蝉脱壳"。当苏军大规模炮击的时候，他会让部队退到第二道防线中去，让苏军雨点般的炮弹打个水漂，这一招是他在莫斯科败退中磨炼出来的，屡试不爽。这个绝活儿听起来挺神奇，其实需要特别强的控制力。退早了白忙，退晚了白死，必须把握好精确的时机。

海因里希每天都要亲自乘坐侦察机飞过去观察苏军的炮兵阵地，还要结合新出炉的俘虏审讯记录，以及其他维度的情报，综合判断次日的走势。例如，4月8日，苏军炮兵阵地反复骚动，有俘虏也扬言今天就是进攻日，副官都说那赶紧收拾行李吧，但海因里希不为所动，他说综合其他方面的情报来看，肯定不是今天，太早了，果然当天风平浪静。

为了迷惑对手，朱可夫不停派卡车假装往两翼和后方运送物资，整得风风火火，想让德军认为苏军会再次展开钳形攻势，这样的话，突破点很可能在北边的斯德丁和南边奥得河河畔的法兰克福，而不是屈斯特林。

但海因里希没有相信朱可夫的操作，坚信向柏林的进攻方向就是中路，只是时间还没到。维斯瓦集团军群当前有 20 万兵力、坦克和自行火炮 512 辆、火炮 2625 门，还有 300 架飞机，听起来还行，但是他们的炮弹和油料奇缺。空军甚至还成立了一支小型"神风特工队"，由 39 名志愿者组成，不需要太多油料，发起有去无回的攻击任务。

维斯瓦集团军群的南面还有舍尔纳的中央集团军群协助防守，他们有第 4 装甲集团军和另外两个军的兵力。在短短两周时间内，海因里希布置了 3 道防线。第一道防线在奥得河西岸，是前沿战斗区；第二道防线围绕塞洛高地，距离奥得河 12 千米到 15 千米，纵深 20 千米，遍布战壕和掩体，第一、第二道防线之间有一片沼泽地带，还有 3 道小防线；第三道防线，距离柏林 30 千米，包括明谢贝格、施滕贝格、埃伯斯瓦尔德等卫星小镇，它们已经被反坦克路障和火力点全部连接起来，每一座小镇都可以是一个巴赫穆特。海因里希能做的都做了，万事俱备，只欠祈祷。

这一天终于到了，4 月 14 日，苏军对德军阵地展开了多次佯攻，实施战斗侦察。在一次冲往塞洛高地的过程中，苏军绘好了雷场图，还摧毁了德军若干火力点。4 月 15 日晚上，苏军开始出动战机轰炸德军的第一道防线。晚上 8 点半，正在指挥室里踱步的海因里希突然停住脚步，告诉参谋立刻撤到第二道防线。在夜幕的掩护下，德军主力部队火速撤往第二道防线。

与此同时，白俄罗斯第1方面军和乌克兰第1方面军的各级政委，正在做着最后的战前动员，鼓励战士们要不怕牺牲，咬紧牙关，赢得这场战役的胜利。

时间来到了1945年4月16日凌晨4点，朱可夫元帅轻声说道："现在，同志们，就是现在！"3发红色信号弹划过夜空。在屈斯特林桥头堡，朱可夫精心布置的143个巨大的探照灯被突然打开，无数光柱毫不留情地射向德军阵地，让他们无处藏身。紧接着是3发绿色信号弹。朱可夫的超级炮群开火了，2万余门各种口径的火炮同时倾泻着怒火，黑夜成白昼，天地共颤抖。由于炮兵阵地上的冲击波太强，很多炮兵的耳朵都流出了血。海量的喀秋莎火箭炮也不断地发出刺耳的尖啸，如同一把把出鞘利刃，刺向敌人的心脏。

20分钟的炮火强攻后，地面部队开动了。冲在最前面的是崔可夫的近卫第8集团军，出发阵地是屈斯特林的河西桥头堡。近卫第8集团军的荣誉番号获自伟大的斯大林格勒战役，前身是英雄部队第62集团军，先后隶属于西南方面军、乌克兰第3方面军和白俄罗斯第1方面军。他们正踏着有力的步伐冲向法西斯的老巢！这些卫国战争的勇士们，承载着苏联红军英勇无畏的光荣传统，在这一刻，他们不是一个集团军在战斗，还有在斯大林格勒阵亡的47万战友灵魂附体。第62集团军的同志们，看啊，此刻的我们，正向着柏林冲去！

在屈斯特林南北两侧，战士们一刻也不能再等了！他们疯狂地冲向奥得河，抓起小船、竹筏、厚木板、空油桶和所有能浮起来的东西向对岸漂流，甚至很多人直接跳入河中向对岸游去，苏军奔跑着、号叫着、怒吼着，为了这一刻，他们已经压抑了太久，夺取胜利的时刻到了！开始阶段的进攻非常顺利，苏军并未遇到什么抵抗，崔可夫用无线电向朱可夫汇报，第一个目标已经拿下。但接下来，苏军的麻烦开始了。首先，由于当天凌晨本就浓雾弥漫，加上炮击掀起的尘土，探照灯的光线根本无法穿透。步兵看不清敌方阵地，自己反而被照亮，方便了德军的炮手瞄准；其次，从第一道防线往第二道防线前进的道路非常难走，沼泽、泥浆，还有洪水冲刷形成的沟壑，都比预想的艰难很多，很多坦克和卡车陷入其中。在塞洛高地前方的运河前，崔可夫的部队卡住了。在德军密集的火力问候之中苏军终于恍然大悟，原来之前的万炮齐鸣，都打空了。

清晨6点，科涅夫也开动了。与朱可夫的战术风格截然相反，科涅夫走的是阴柔的路线。他让大批伊尔-2攻击机在尼斯河上超低空飞行，在远超过自己攻击宽度的范围内释放白色烟雾，尼斯河两岸被人工制造出一条烟雾地带。接着是炮火准备，虽然敌我互相都看不见，但科涅夫的炮兵部队早已精确标注好了德军火力点的确切位置，炮口角度已调好。

在40分钟的盲轰之后，步兵开始渡河。在浓雾的干扰下，德军的观察哨根本看不清楚，苏军从150个渡口同时发起冲击，科涅夫要求突击队用最快的速度过河，然后工兵要在桥头堡的配合下，在烟雾消散之前，架好浮桥，然后坦克立刻出动，冲垮敌军防线。每个渡口工兵都立下了军令状，3小时内架好浮桥。乌克兰第1方面军曾强渡第聂伯河解放基辅，对渡河作战有着丰富的经验。基辅战役的时候，乌克兰第1方面军司令员还是苏联英雄瓦图京。在整个渡河过程中，炮火掩护一刻未停，持续压制敌军，为步兵提供弹幕保护。

7点15分，突击队拿下第一座桥头堡。8点35分，150个渡口中已经有133处成功渡河，雷巴尔科和列柳申科的坦克已经在过河了，速度比预期要快。此时，火炮也终于停了，它们已经持续发射了2小时35分钟。科涅夫强渡尼斯河的战斗非常成功，他觉得，后来居上大有希望。

回到另一条战线。

"什么，进攻停止了？"朱可夫简直不敢相信自己的耳朵。

崔可夫耐心地向他解释道："我军当前面对的形势是前所未有的困难，敌人高高在上，而我们深陷泥潭。陷入泥沼中的坦克立刻成了活靶子，他们一辆又一辆被轰成火球。到目前为止，近卫第8集团军只前进了1300米。"

听到这个数字，朱可夫由惊讶转为暴怒，对崔可夫一顿痛骂。开弓没有回头箭，下午1点左右，朱可夫要求轰炸机重新出动，炮兵再次用密集的炮弹洗地，同时他使出了撒手锏，让卡图科夫和谢苗·伊里奇·波格丹诺夫，带领近卫坦克第1和第2集团军的坦克手们提前出场。新一轮的暴风骤雨很快就要砸在德军的头上。

布塞的第9集团军刚刚经历了地狱般的一晚。他们先是挨了雨点般的炮弹，然后又见到了潮水般的苏军，还好身处高地，尚能苟存。那天夜里，他们发疯似的开枪开炮，机枪的枪管打得火红，直到天亮。

正午刚过，指挥部收到了元首的当日命令，大意就是要求东线的勇士们战斗到最后一刻，柏林将永远属于德国，有后退者，斩立决！但海因里希需要的可不是传单，他需要的是人。虽然守住了第一个夜晚，但形势仍然绝望透顶，上次会议上，陆海空的"慈善捐款"根本没有落实，所谓 15 万人稀稀拉拉只来了 3 万人左右。各部队传上来的报告大同小异，都在向他要弹药、要汽油、要坦克、要援兵，如果他手上有调走的那 4 个装甲师，情况将完全不一样，可是他没有。

第 9 集团军中负责关键阵地塞洛高地的，是由炮兵上将黑尔姆特·奥托·路德维希·魏德林统领的 56 装甲军。他手上有 3 个师——"精锐力量"第 9 伞兵师（这个描述是戈林自称的）、最新组建的明谢贝格装甲师，以及兵力严重不足的 20 装甲掷弹兵师。虽然都是些战力很一般的部队，而且面对的还是苏军最精锐的突击力量，但魏德林还是带领着他们强硬地坚守着这个山头。包括魏德林在内的很多德军都抱着这样的信念，就是只要争取时间，西边的联军就可以顺利推进占领德国，德意志民族就将避免覆灭的命运，所以柏林东边的边界，就是德国人和斯拉夫人的生死线。他们的牺牲对祖国是有价值的，他们坚持的每一分每一秒都是有价值的。他们不知道的是联军几天前就止步了。柏林早已是苏联人的囊中之物。

新一轮的攻势开始了，坦克的加入并没有达到预期的效果，由于空间过于狭小，前面的火炮牵引车和步兵挡着后面的坦克，使他们根本发挥不了作用，大量坦克越开越慢，逐渐困在泥里，寸步难行。

卡图科夫也"破防"了，他自言自语道："在这场战争中，从未遇到过如此困难的地形，也从未见过德军有如此顽强的意志。苏军的阵型此时已经混乱不堪，各单位的步兵、坦克、火炮牵引车、卡车、坦克歼击车，交错前进，无法再施行任何成熟的战术动作。"

崔可夫也发话了："我只要塞洛高地，其他的事我不管！"战至傍晚时分，近卫第 8 集团军和近卫坦克第 1 集团军的混编部队终于突破了沼泽地，冲到了高地的边缘。崔可夫下令，全军不再休整，通宵大总攻开始。

当晚，塞洛高地灯火通明，山呼海啸的苏军发起了总冲锋。德军的火力异常密集，但依然挡不住那一团团复仇的火焰！

在经过整整一天一夜的血战后，17日黄昏时分，苏军攻克塞洛高地。

在南边，科涅夫部队进展得很顺利。4月17日上午，雷巴尔科的T-34直接涉水冲过了施普雷河，这个战术克拉夫琴科在第聂伯河附近的小河里用过一次了，这样的渡河速度远超预期，德军的防线被冲垮了。4月17日下午，他的先头部队已接近吕本，也就是可以与朱可夫抢道的分界点。

科涅夫给斯大林打了电话，请示可否北上。斯大林告诉他，朱可夫那边遇到了困难，问是否可以让朱可夫的部队通过他的缺口过河。

科涅夫巧妙地回答："那样的话，部队的调动需要太长时间，而且会造成混乱。我认为，让我的部队直接北上，途经措森进入柏林，这样比较快。"

斯大林说："那好吧，我同意。"

此时的朱可夫已经陷入狂暴状态，他刚和斯大林通完电话，得知科涅夫切内道成功，已经向柏林扑过去了，而且斯大林的口气非常严厉，对白俄罗第1方面军的进展很不满意。卫国战争的功劳榜已经领先了3年半，如果最后让科涅夫反超，岂不是要抱憾终身？4月17日夜里，朱可夫向全军下令：现在，攻克柏林！

苏军的这两支钢铁洪流，开始了最后的较量。

再简单看一下德军的情况。在塞洛高地的血战中，第一个被打崩的是戈林的"精锐部队"——第9伞兵师，最后他们四散奔逃。魏德林还在组织防御，但想挡住苏军从高地冲下来的坦克是不可能的。整个第 9 集团军也陷入危机，北边朱可夫攻克了塞洛高地，南边科涅夫也形成了突破，如果再不撤退，下场将和莫德尔的 B 集团军群一模一样。

4 月 18 日下午，柏林城防司令赫尔穆思·雷曼收到保罗·约瑟夫·戈培尔的指示，让他把人民冲锋队送出城，去防守第 9 集团军的第二道防线。于是，10 个营的冲锋队，外加大德意志警卫团防空部队，着急忙慌地被拉出了城。此时的柏林城内，已乱作一团。柏林人早就习惯了被轰炸，但是被炮击还是头一次。所有人都知道炮弹和炸弹的区别，飞机扔完炸弹是要走的，但大炮轰击就意味着敌人已在不远处，而且炸完也不会走。他们马上就要进城了。帝国的末日即将到来。

维斯瓦集团军群北侧的曼托菲尔，刚被抽掉了唯一一股精锐力量——由库特·施泰纳指挥的党卫军第 3 装甲军，他们要去帮助第 9 集团军顶住敌人进攻。曼托菲尔知道，对面罗科索夫斯基的白俄罗第 2 方面军也即将开始总攻，而他已经没有任何坦克了，守住阵地已无可能。他对手下说道："希望我们可以做到不要立刻崩溃，能成功地撤到西边，向联军投降。"

4 月 20 日一大早，戈林位于柏林西北郊的卡琳庄园附近，已经有炸弹落下来了，白俄罗第 2 方面军的总攻如约而至。不过戈林并没有很慌乱，他早已调来了空军的 24 辆重型卡车，把大量的金银、油画和古董装上了车，然后指挥车队浩浩荡荡地往巴伐利亚驶去。接着戈林炸掉了心爱的别墅，本人则不紧不慢地返回柏林，去参加希特勒的生日宴会，一切都安排得井井有条，就如同还有未来。

没错，1945年4月20日是希特勒的56岁生日。中午12点，第三帝国的精英们纷纷前来参加元首的生日宴会。希特勒还在总理府的花园里接见了一些前线代表，有来自库尔兰集团军群的干部，还有希特勒青年团的一些击毁过苏联坦克的小英雄，元首慈祥地和孩子们一一握手，并向他们授予了勋章。

接下来，希特勒回到地下室召开军事会议。克雷布斯问第9集团军能不能撤下来，希特勒的回答是不能。然后，大家就开始劝元首赶紧转移，留得青山在，不愁没柴烧，但希特勒表示目前还没那么紧迫，当务之急是打好这场柏林保卫战。退一万步说，假如苏军和联军真的在易北河会师了，德国将被分成两个部分，那北方由卡尔·邓尼茨负责，南方由阿尔贝特·凯塞林负责。实际上，此时的希特勒已经开始交代后事，下定决心不走了。

会后，希姆莱、戈林、斯佩尔等都迅速离开了柏林。不知道他们临走前会不会假模假式地说这么一句："元首，您注意保重身体，我们就先走一步了。"

4月21日清晨，瓦西里·伊万诺维奇·库兹涅佐夫的突击第3集团军，从北郊率先进入柏林。因为崔可夫和卡图科夫的部队再次遇到了麻烦，他们卡在了德军的第三道防线，也就是那一堆小镇那里，地雷和反坦克火力点太多，推进缓慢。朱可夫果断决定派库兹涅佐夫从侧翼杀入。结果，最终最先冲进柏林的居然不是崔可夫，也不是卡图科夫，更不是波格丹诺夫，而是之前一直比较低调的库兹涅佐夫。真是造化弄人。

随着苏军的逼近，柏林吃的炮弹越来越多，到处供电不稳定。元首指点江山那么多年，今天终于来到前线了，准确地说，是前线来到了他的面前。当天早上，他百无聊赖地打开地图，突然发现在城市的东北方向有一个小旗子，上面写着"施泰纳集团军级支队"。他顿时两眼冒光，没想到到了山穷水尽的时候，还有个集团军级支队，而且还是党卫军的力量。

施泰纳集团军级支队本来就是党卫军第 3 装甲军，因为第 9 集团军一些残部往北退了，海因里希就让施泰纳就地收容，重新整补一下，名号升级为"集团军级支队"，其实这个支队根本就没几个人。没想到元首地堡里的地图更新得挺快，被希特勒抓住当救命稻草了。

4 月 21 日上午 8 点 30 分，希特勒亲自打电话给施泰纳，问他是不是知道帝国元帅在卡琳庄园有一支私人武装，让他把这支队伍派过来，立刻投入战斗。同时，让施泰纳把北方地区所有能走路的空军人员，无论是飞行员还是机械师，都集合起来了，组织反击，切断朱可夫的右翼，打通第 9 集团军和第 3 装甲集团军的联系，为柏林解围。

施泰纳给克雷布斯打电话说他完不成任务时，没想到希特勒居然就在克雷布斯旁边。结果希特勒又教育了他很久，说了一些"帝国的命运就靠你了"之类的话。最后知道这个调动的人是海因里希，他给克雷布斯打电话，说这是不可行的，第 9 集团军应该后撤而不是去进攻，这是"送人头"行为，而且施泰纳根本没多少人，怎么可能发起反击？他要求亲自和希特勒通话，但克雷布斯说不行，元首睡觉了。海因里希知道，第 9 集团军完了，维斯瓦集团军群完了，一切都完了。就在这一天，莫德尔在鲁尔包围圈内自杀。

这两天科涅夫的进展也没那么迅速了，4 月 21 日当天，部队终于攻下了措森，这里是 OKW 和 OKH 的双料总部、纳粹德国的信息枢纽，坦克手们踏入了一个现代而精密的地下城市。

巨型的电话交换机还在不停闪烁着，这时一通电话打进来："这里是奥斯陆，有一条紧急消息要汇报。"

接线员回答："对不起，我们的工作结束了。"

当晚，科涅夫的部队也进入了柏林。

4月22日下午3点，在隆隆炮声中，德意志第三帝国最著名的一场会议开始了。

"等施泰纳到了之后，一切都会好起来的。"

"我的元首，施泰纳……施泰纳没有足够的兵力，这场进攻施泰纳没有发动。"

"点到名字的留下来，凯特尔、约德尔、克雷布斯……那是我下的命令，进攻是我给施泰纳下的命令。他连我的命令都敢违抗？原来已经到这种程度了，整个部队都在忽悠我。人人都在忽悠我，连党卫军也是！这一个个将军堆在一起充其量都只能算猕猴！没有存在价值的歹毒的臭鱼烂虾！"

"我的元首，我无法认同，这些都是为您浴血奋战的军人啊！"

"他们哪是将军，简直是民族的败类！无一忠烈！多少年来，军队一向只知道拖我的后腿，我真该够胆去干的，早八百年就该把高级军官都揪出来弄死！我从来没有上过什么军校，白手起家地创业，却称霸了整个欧洲。而他们从头到尾就知道搞这些阳奉阴违的事，倒是摸得一手好鱼啊！这些人都穷凶极恶地出卖了德意志民族！但所有叛徒都要血债血偿，他们一个个不流血怎么偿呢？要让他们泡在血里一个个死透！都结束了，战争已经失败！我不会离开柏林的，我宁可对着自己脑袋来上一枪。"

会后，凯特尔和约德尔再次劝希特勒离开柏林，他再次拒绝。约德尔突然提出，可以把温克的部队调回来支援柏林，希特勒的眼中闪现一丝光芒："温克，温克，西线无战事，那应该可以。"凯特尔立刻动身前往温克的司令部，去通知那根"救命稻草"。

4月23日凌晨，斯大林给前线发来了最新指示，更新了朱可夫和科涅夫的最新分界线，接着上次没画完的分界线继续往下画，从吕本继续往西，一路穿过柏林，但最重要的标志性建筑国会大厦，还是被划给了朱可夫，科涅夫的地盘离它就150米。"柏林征服者"的荣誉最终还是归了朱可夫。斯大林做事还是很周到的，既实现了激励下属的作用，最后大家面子上也都过得去。

差不多同一时间，凯特尔赶到温克的司令部，温克当即表示："您是在开玩笑吗？我一辆坦克也没有，用什么去打穿苏联人的包围圈？"

凯特尔说："这个我不管，你想想办法，我回去了。"温克当晚就告诉手下，我们即将尽力向柏林靠近，同时控制住易北河的防线，这样可以维持一条向西的通道，把每一个出城的平民或者士兵都带去西边，以便将来一起向联军投降。

至于元首，温克淡淡地说："他的命运已不再重要了。"

4月23日当天，消失了两天的魏德林出现，在被苏军逼退后，他正勇敢地重新向东进军，回归第9集团军的战线。这时他却收到一个坏消息，因为被判为临阵脱逃，元首已经决定枪毙掉他。

"什么？我为党国血染塞洛高地三昼夜，现在居然要枪毙我？这是什么元首？"他决定亲自要个说法。

魏德林横穿柏林来到总理府，一路冲到了希特勒面前。希特勒虽然不太认识他，但一看此人气宇轩昂、正气凛然，有这种气场的人当前已经不多了，甚是喜欢，决定不枪毙他了，反手任命魏德林为柏林卫戍司令，让他的 56 装甲军停止前进，调头进入柏林城内，这样柏林城里也多一支正规军了。面对这突如其来的变故，魏德林茫然而立，不知如何是好。

在上演"元首的愤怒"的那一天，走廊里有一个听众是戈林的一个参谋长，他立刻飞到巴伐利亚，向戈林汇报说元首崩溃了。

戈林一看，勇于担当的时候终于到了，赶紧给希特勒去电，问："元首是否同意根据 1941 年 6 月 29 日的命令，由我立刻接管帝国的全部领导权，如果今晚 10 时你没回复，那我就当你已经失去了行动自由，那我就行动了。"

希特勒闻讯怒吼："这是叛国行为！"他要求戈林马上辞职，否则就地处决。

4 月 25 日晚上，已经有 8 个集团军沿不同路线冲入了柏林。从郊区开始，就冒出了大量的人民冲锋队，其实就是民兵。他们最常见的武器是一种叫"铁拳"的反坦克榴弹发射器，能用很低的成本凿穿T-34，但需要在相当近的距离发射，也就是 20 多米，这样打完一炮后，无论中还是不中，开炮者多半跑不掉了，等于是一种半自杀式武器。后来苏军也想出了对策，他们在坦克车身上绑上从老百姓家搜刮来的床垫，这样"铁拳"炮弹一打上来，就只能干掉床垫。城内德军大约还有 12 万人，他们的编制和分布非常混乱，有陆军，有党卫军，有人民冲锋队，也有防空部队、海军、警察，但还在坚持的都是相当顽固的士兵。他们凭借自己最后的意志和忠诚在阻挡着敌人。然而进入柏林的苏军都是久经沙场的老兵，他们有大量的城市攻坚经验。

在街道上前进的时候，苏军的坦克始终在步兵后面 30 米远的地方，为步兵提供炮火掩护。苏军知道"铁拳"最多就 30 米射程，于是每次都停在 150 米外一顿狂轰，把整栋楼轰成一堆渣渣，再释放大量烟幕弹，一群端着"波波沙"冲锋枪的苏军冲进去一顿乱杀，剿灭残存德军。德军曾经以为市内的施普雷河能顶一阵，直到他们发现了第聂伯河舰队。苏军用卡车把 10 艘装配马克沁机枪的摩托艇拖进了柏林，苏军利用这些小艇反复摆渡，巩固了桥头阵地，逼近了市中心。

到 4 月 27 日，德军已经缩在市中心很小的一块区域里。当前柏林还有两个地方是安全的。第一个是总理府地下室，因为苏军并不知道它的确切位置；第二个是动物园的双子防空塔，这个刚好相反，所有人都知道它的存在。但它是太硬了，打不动。G 塔是其中一座，大概有 40 米高，已经有 3 万多名市民躲在里面了。这里拥挤而绝望，很多人已精神错乱。

4 月 28 日夜里，希特勒在地堡里猛然得知希姆莱正在和哈里·S.杜鲁门接洽，准备带领西线向艾森豪威尔投降。希特勒彻底疯了，在他心里，希姆莱是唯一一个绝不可能背叛自己的人，可是现在连希姆莱也……遭遇众叛亲离的他，想死的心更坚决了。几个小时后，苏军冲过毛奇桥，逼近政府大楼和国会大厦。残存的德军还在做着顽抗，想在死前获得一份作为军人的荣耀。4 月 29 日凌晨，希特勒开始口述遗嘱，开除戈林和希姆莱党籍，由卡尔·邓尼茨接任元首，保罗·约瑟夫·戈培尔任帝国总理。

4 月 29 日晚上，德意志第三帝国最后一次军事会议召开。到场的只有魏德林、布雷克斯和布格道夫，希特勒只剩一个问题了：温克到哪了？

4月30日凌晨1点，凯特尔不知道从哪里回了个电报，说温克的先头部队在施维洛湖南面遭遇大堵车，停滞不前，12集团军无法进入柏林了。希特勒说知道了，果然不出我所料。

4月30日凌晨4点30分，苏军占领政府大楼。随后，一批又一批的勇士开始冲击国会大厦，他们开始争先恐后地去争夺那至高的荣耀。下午3点30分，随着砰的一声枪响，希特勒，这个人类历史上公认的第一大恶魔，终于结束了自己的一生。

当天晚上10点50分，苏军终于将胜利的红旗插上了国会大厦的顶端。之后，保罗·约瑟夫·戈培尔、汉斯·克雷布斯、威廉·布格道夫先后自杀。

5月2日，柏林城防司令魏德林代表柏林守军无条件投降。

5月8日，凯特尔在柏林郊区向红军最高统帅部和盟国远征军最高统帅部无条件投降。

这次柏林战役中，从4月16日到5月8日，苏军一共伤亡304887人，损失坦克2156辆、飞机527架。德军被俘48万人，伤亡人数无法统计。

至此，这场战争在苏军付出了2960万人的总伤亡的代价之后，终于夺取了最后的胜利。